谨以此书

献给为中国眼科事业鞠躬尽瘁的张晓楼教授，
以及为世界留住光明的每一位眼科医生。

一蓑烟雨任平生

眼科名家张晓楼

魏文斌 周楠 编著

生活·讀書·新知 三联书店

图书在版编目（CIP）数据

一蓑烟雨任平生：眼科名家张晓楼 / 魏文斌，周楠编著. —北京：生活·读书·新知三联书店，2023.1
ISBN 978-7-108-07554-3

Ⅰ. ①一… Ⅱ. ①魏… ②周… Ⅲ. ①张晓楼-传记
Ⅳ. ①K826.2

中国版本图书馆 CIP 数据核字（2022）第 216397 号

特约编辑 戴申倩
责任编辑 龚黔兰
装帧设计 康 健
责任校对 张国荣
责任印制 卢 岳
出版发行 生活·讀書·新知 三联书店
（北京市东城区美术馆东街 22 号 100010）
网 址 www.sdxjpc.com
经 销 新华书店
制 作 北京金舵手世纪图文设计有限公司
印 刷 北京建宏印刷有限公司
版 次 2023 年 1 月北京第 1 版
2023 年 1 月北京第 1 次印刷
开 本 720 毫米 × 965 毫米 1/16 印张 14.75
字 数 50 千字 图 289 幅
定 价 148.00 元
（印装查询：01064002715；邮购查询：01084010542）

目　录

序　言

《一蓑烟雨任平生——眼科名家张晓楼》一书是北京同仁医院魏文斌教授和周楠医生编撰的一部关于张晓楼教授的生平传记。

认识张晓楼的友人对他的评价大同小异：真诚、认真、勤奋。但了解他的朋友会更多地看到他的勤奋和宽厚。他每天忙碌于医疗事务，认真且尽心尽力，工作占去了他大半的时间和精力，极其有限的业余时间，他也是用来在图书馆或是家里读书，似乎最多就是听听收音机里的京戏放松。天道酬勤，张晓楼最终成为中国乃至国际著名的眼科专家。

由魏文斌教授主持记录的《眼科名家张晓楼》，不是一本普通的传记，这是北京同仁医院的同人用心来记录的一部传记，力求用最真实客观的文字去还原的一段历史。后人多半只知张晓楼在沙眼研究中的成就，其实，他对中国眼科事业的发展所做出的贡献远不止于此。书中真实地记录了张晓楼从一名优秀的眼科医生到沙眼衣原体的研究者，再到沙眼防治及防盲工作先驱的历程，描述了同仁眼库乃至全国眼科医疗技术的发展过程，诠释了我国著名眼科专家张晓楼为我国眼科医学事业无私奉献、不平凡的一生。

在这部传记里，有如下一些概括来记录他的生平：

“在全国眼科界较早地建立学科专业分组。”

“在全国率先实施进修医生培养制度，普及并提高了我国眼科医疗水平。”

“在全国率先开展在门诊实施内眼手术，是今天眼科日间病房的雏形。”

“创建国内首家眼科基础研究的基地——北京市眼科研究所。”

“创建同仁医院眼库，建立了国内第一个角膜移植的眼库。”

“是同仁眼库第一个捐献角膜的人。”

这些都看得出同仁人对张晓楼的敬重、欣赏和景仰。张晓楼对同仁眼科而言，是一座丰碑，是感动，让大家不由自主地想说点什么。

世上能够让人怀着虔诚之心孜孜以求的东西，身为医者所获得的欣喜感和成就感大概是其中之一。那种发自心灵的愉悦和精神的满足，是其他任何职业所无法比拟和体会的。对张晓楼来说，治病救人是最能吸引他的东西。

张晓楼教授1940年6月毕业于私立北平协和医学院，获医学博士学位。当时协和医学院的美籍眼科主任对他非常赞赏，并预言张晓楼一定会成为未来中国著名的眼科医生，因为他的善良和博爱。1948年底，张晓楼已经办理了去美国留学深造的手续，但是他听闻北平即将和平解放的消息后，毅然放弃了留学计划，留在国内迎接北平的解放。他骨子里的爱国情怀奠定了他一生对患者的爱心、对医学的执着追求。

1956年，张晓楼与汤飞凡教授合作，冒着失明的风险，在自己眼中接种了沙眼病原体进行人眼感染试验，并首次成功分离、培养出沙眼衣原体，引起世界医学界的关注。他曾任北京同仁医院眼科主任、副院长，北京市眼科研究所所长，中华医学会眼科学会主任委员，世界卫生组织防盲咨询组成员等职。几十年中，张晓楼教授在医疗、科研、教学和防盲事业中贡献突出，曾在国际国内多次获奖。他曾为众多领导人和国际友人诊治，也用更多的时间深入基层为人民群众解除病痛。为了防盲治盲，他几乎走遍了祖国大地，带领团队研制出治疗沙眼的新药，为我国大部分沙眼病人治愈了病痛。直到病重，他还坚持要求出诊。

我在做医生之初就已耳闻张晓楼教授大名，仰慕他的高尚医德和高超医术。在北京市政府工作期间，对他有了更多的了解。我深深感到，张晓楼教授把自己毕生的精力都投入到了眼科医学事业中。他在追求人类光明的道路上艰苦跋涉、不懈努力，践行着他要为眼病患者解除病痛、为他们留住光明的心愿。当看到我国众多失明患者急需角膜时，他四处奔走呼吁，成立了保存去世者志愿捐献角膜的眼库。我国第一个眼库由此在北京同仁医院诞生。1990年9月14日，张晓楼教授与世长辞，他最后的奉献是捐出自己的角膜，使两位盲人重见了光明。张晓楼教授是我国建立眼库后第一个捐献角膜的志愿者。

2014年3月，在魏文斌教授的大力推动下，“北京同仁张晓楼眼科公益基金会”成立。目前，该基金会正在以实际行动将张晓楼教授的精神发扬光大，在西藏、四川凉山等贫困边远地区施医助教，为患者治疗病痛，带来光明。

无论是张晓楼教授的医疗实践还是他卓越的思维，对中国眼科乃至国际眼科界来说都是难得的宝藏。对中国人来说，张晓楼这个名字并不陌生，对世界更是如此。张晓楼教授在国际上的声誉已经超出了眼科领域，他为整个医疗事业的发展做出了不朽的贡献。

对同仁眼科的先贤张晓楼，同仁人内心有更多的无法用言语表达的感动和爱戴。

记录的过程是探寻的过程，也是一次追溯历史的过程。

传记属于非虚构作品，所写须是事实，须有出处；援引他人记载，要经过一番审核，这一底线不可移易；写传记有如写历史，不允许“合理想象”或“合理虚构”。这本书的传记观与此完全一致。

张晓楼这样的优秀人物，应追忆。他虽属于20世纪的人物，但时至今日，仍不失为医疗界的典范。

魏文斌教授与周楠医生写就的这本真实动人的传记，传承了其精神，故乐为之序。

何鲁麗

2019年7月

前　言

自我1986年大学毕业，成为一名同仁医院眼科住院医生起，张晓楼这个名字就是如雷贯耳般的存在。他是中国眼科界的一面旗帜、眼科医生心中膜拜的大师，更是同仁医院眼科的“名片”！

先生每周出一次门诊，我等年轻医生以轮值给先生做助手、陪他出诊为“骄傲”，这样可以目睹先生的风采：儒雅、谦和、博学，大师风范，犹如神一般的存在！每每看见他陪同来访的国际防盲组织官员、国际知名专家甚至是外国元首，崇拜之情油然而生！每每聆听他在各种场合呼吁建立眼库，号召大众移风易俗，去世后捐献角膜，更让年轻医生敬仰！每当人们讲起敬业奉献之时，总要联想到先生在配合我国微生物学界的大师汤飞凡教授发现沙眼衣原体的经历。在那个“十人九沙”、沙眼是全球致盲第一位原因而且病因不明、无治疗方法的年代，他和汤飞凡教授毅然在自己的眼睛上做实验，来验证沙眼衣原体，探索沙眼的治疗方法，如果没有一种情怀，这是做不到的！发现沙眼衣原体后，他更是马不停蹄地继续研究。他奔走呼号，创建“防沙治沙”措施并在全国推广，为国际沙眼防治，更为中国最终消灭致盲性沙眼做出了不可磨灭的贡献！先生既是眼科医生，也是医院管理者，早在1959年他就创建了国内第一个眼科专业研究所——北京市眼科研究所；又在20世纪60年代初就建立眼科亚专业，开始了眼科三级学科的建设与发展，并开始建立进修医生培训制度，定期为少数民族地区和边远地区及军队培养眼科骨干医生；他也是中华眼科学会的早期领导者之一，重视眼科专业杂志的编辑出版工作；他更是光明的使者，把毕生的精力都献给了我国的防盲事业；去世后他的一双角膜也捐献给了他生前倡导成立的同仁眼库，让两位失明的工人重见光明，真正实现了“把光明留在人间”的誓言。

先生的精神是同仁眼科的财富，也是中国眼科人和医学界的骄傲，更是年轻医生前进的明灯。记录下先生毕生对光明事业的奉献，也是晚辈的一份敬仰之心，更是一种责任。

魏文斌
首都医科大学附属北京同仁医院眼科
北京同仁张晓楼眼科公益基金会
发起人兼首届秘书长
2022年2月

第一章

生于斯，长于斯

——自幼刻苦磨炼，立志学医报国

1935年，张晓楼获燕京大学医学系预科理学学士学位，同年考入私立北平协和医学院

1914年1月26日，农历正月初一，张晓楼出生于河北省正定县周家庄的一个地主家庭。兄弟六人，他排行第五，学名凤五。他自幼天资聪颖，性情温和，6岁开始入学堂上学，虽然教的还是文言文，但已经算是新学堂了。比起早先的私塾，新学堂增加了数学、绘画、手工、音乐、体育等课程，基本和现在的小学无异。受此文化熏陶，幼年的张晓楼就知晓“人间正道是沧桑”，读书非常勤奋刻苦，学习成绩名列前茅，深受老师们的器重和长辈们的喜爱。9岁考入县城高小后，就开始了独立的住校生活。

他的年龄虽小，却能熬过艰苦的住校生活。学校里的伙食很简单，冬天缺乏取暖设备，手脚常被冻得红肿，但是他非常珍惜读书的时光，学业进步很快，11岁以优异的成绩考入河北省立第七中学。

正定县原为府治所在，京汉铁路横越城西而过，交通便利，尤其在五四运动后，地方风气渐开，城内设置了河北省立第七中学和第八师范学校。河北省立第七中学是正定周围十多个县城中仅有的一所公立中学，师资、设备都居河北省之首，录取的学生也非常优秀。当时的同班同学中，张晓楼是年龄最小的一个，比一般同学小三至五岁，但他各科成绩优良，很快就脱颖而出，每学期考试成绩都名列前三，中学四年都获得了免除学费的奖励，为他以后的学习和工作奠定了坚实的基础。多年后他中学时代的同学回忆起来，都赞叹不已。

张晓楼的家境算不得富裕，他能接受教育，归功于他有一个思想开明的父亲以及伯父的资助。父亲张殿彦，是当地的一名秀才，当时受康有为、梁启超戊戌变法和孙中山领导的革命活动的影响，在清末“废科举、兴学堂”等“新政”推行时，率先送子侄上了“洋学堂”，为当地农村所少有之事。张晓楼的两位哥哥和一位堂兄都在那个时候进了学堂，而且多享受公费待遇。

上学时，张晓楼不仅学习刻苦，还爱动脑筋，勤于思考。凡是学过的功课，并不死记硬背，而用回忆和实验去检查自己的理解程度。他每天都会读书至深夜，这个夜读的习惯也一直延续到他生命的最后时刻。自幼就喜欢探索大自然奥妙的他，酷爱生物课，暑期回到农村，捕捉麻雀、青蛙、野兔、昆虫加以解剖，从而成为激发他日后选择学医的重要因素。

张晓楼选择医学这条道路，既是时代的选择，也是受到家庭的影响。

20世纪二三十年代的中国，灾难深重、民不聊生，中国人被蔑称为“东亚病夫”。但国破山河在，父亲经常谆谆告诫张晓楼和他的兄弟姐妹：“要做济世救人的事，绝不能伤天害理。”因此，张晓楼自幼便立志将来所从事的专业“非医即工”。

怀着科学救国的抱负和对未来的憧憬，张晓楼中学毕业后北上求学。受当时正在沈阳“满洲医科大学”就读的四兄张凤书的影响，1929年，15岁的张晓楼以优异的成绩考入“满洲医科大学”预科。这所学校的教师全部为日本人，用日语授课，在进校学习前必须掌握日语。彼时张晓楼的另一个哥哥也在读大学，父亲为了让孩子们完成学业，四处向亲友借贷，历尽艰辛。张晓楼也深知求学不易，异常努力刻苦，仅仅一年，他的听、写、阅读能力就已经过关。但也因此而累倒，于1930年回家养病，在家乡农村，亦不忘自修。

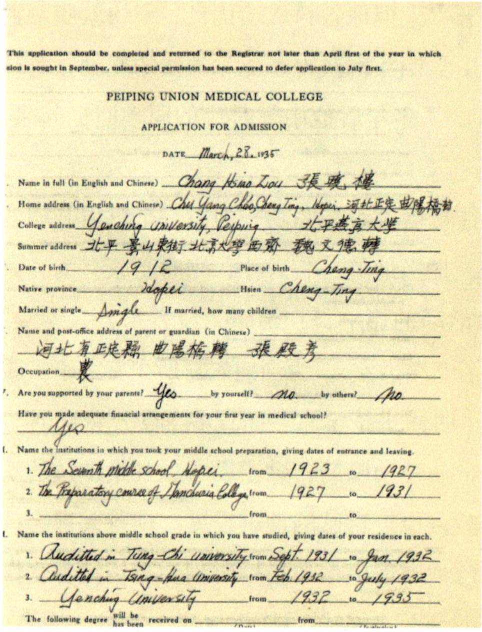

This application should be completed and returned to the Registrar not later than April first of the year in which sion is sought in September, unless special permission has been secured to defer application to July first.

PEIPING UNION MEDICAL COLLEGE

APPLICATION FOR ADMISSION

DATE March, 28. 1935

Name in full (in English and Chinese) Chang Hsiao Lou 張曉樓

Home address (in English and Chinese) Chu Yang Chao, Cheng Ting, Hopei. 河北正定曲陽橋村

College address Yenching university, Peiping. 北平燕京大學

Summer address 北平景山東街北京大學西齋 魏文德轉

Date of birth 1912 Place of birth Cheng-Ting

Native province Hopei Hsien Cheng-Ting

Married or single Single If married, how many children

Name and post-office address of parent or guardian (in Chinese)

河北省正定縣 曲陽橋轉 張殿彥

Occupation 農

Are you supported by your parents? Yes by yourself? no by others? no

Have you made adequate financial arrangements for your first year in medical school?

Yes

Name the institutions in which you took your middle school preparation, giving dates of entrance and leaving.

1. The Seventh middle school, Hopei. from 1923 to 1927
2. The Preparatory course of Manchuria College from 1927 to 1931
3. from to

Name the institutions above middle school grade in which you have studied, giving dates of your residence in each.

1. Auditted in Tung-Chi university from Sept. 1931 to Jan. 1932
2. Auditted in Tsing-Hua University from Feb. 1932 to July 1932
3. Yenching University from 1932 to 1935

The following degree will be / has been received on [illegible] from [illegible]

私立北平协和医学院的入学申请

（北京协和医学院档案中心提供）

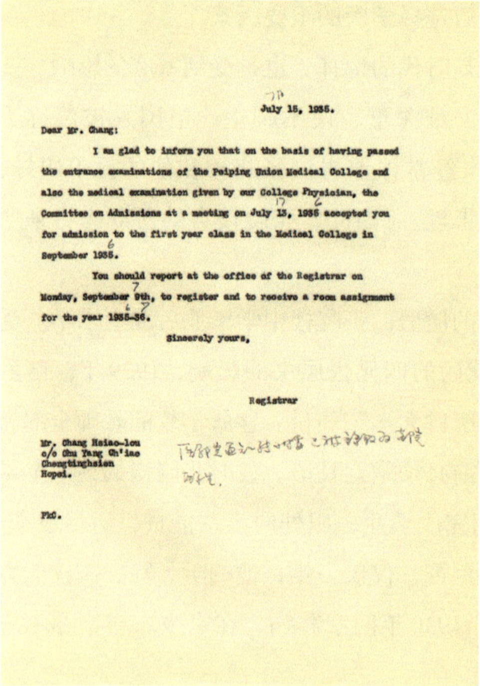

July 15, 1935.

Dear Mr. Chang:

I am glad to inform you that on the basis of having passed the entrance examinations of the Peiping Union Medical College and also the medical examination given by our College Physician, the Committee on Admissions at a meeting on July 13, 1935 accepted you for admission to the first year class in the Medical College in September 1935.

You should report at the office of the Registrar on Monday, September 9th, to register and to receive a room assignment for the year 1935-36.

Sincerely yours,

Registrar

Mr. Chang Hsiao-lou
c/o Chu Yang Ch'iao
Chengtinghsien
Hopei.

FkC.

1935年，私立北平协和医学院的录取函

（北京协和医学院档案中心提供）

1931年“九一八”事变爆发，日本帝国主义侵占了我国东北。由于不堪忍受日本人的奴化教育，不愿当亡国奴，许多热血青年纷纷奔赴关内。病愈复学不久的张晓楼离开沈阳，和几位同学结伴前往上海，进入德国人创办的同济大学预科。几个月后，1932年1月28日，日军发动了攻打上海的“一·二八”事变，淞沪抗战开始，不久上海沦陷，整个长江流域战火纷飞，硝烟弥漫，张晓楼无奈开始了又一次漂泊。

值此国难之时，北平的一些大学组织有知识的青年学子，采取应急措施，为各地流亡的学生提供读书计划，准许申请借读。张晓楼选择了清华大学生物系，辗转返回北平继续求学。在清华大学生物系借读半年后，他考入渴望已久的燕京大学医学系预科。1935年，张晓楼又以优异的成绩如愿考入私立北平协和医学院（现北京协和医学院）。

一心想成为一名济世救人的医生的张晓楼来到学风严谨的私立北平协和医学院后，可谓如鱼得水，更加发奋学习。他几乎把全部的时间都花在了学

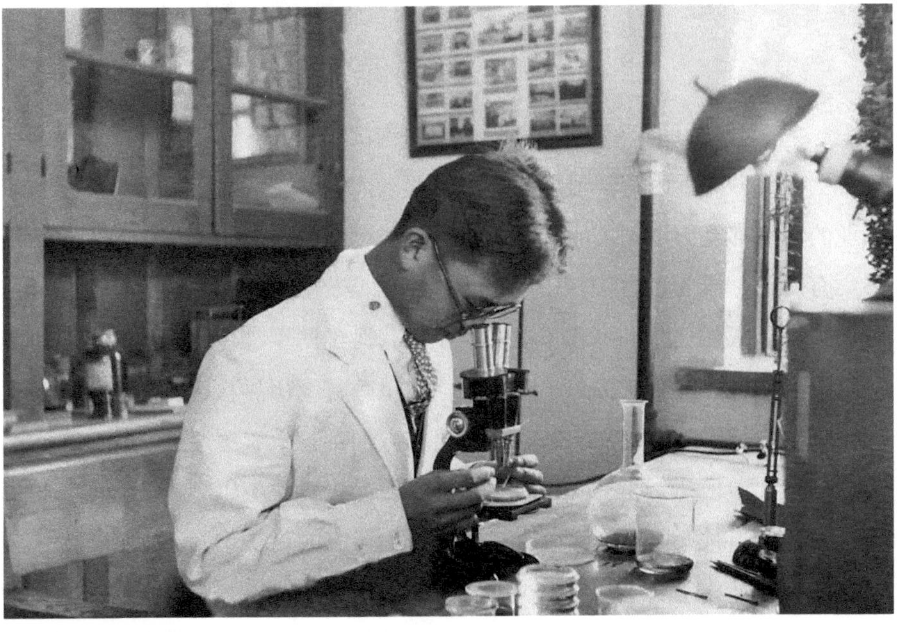

1935年，张晓楼就读燕京大学预科期间，正在做实验

1940年6月，张晓楼获私立北平协和医学院医学博士学位

习上。大学的学习生活并不轻松，学校的淘汰率很高，学习压力非常大，每年都会有部分同学因为学习成绩达不到要求而被学校淘汰。能够最终从这里毕业的学生都经历了刻苦的磨炼，经受住了严格的考验。他们中的大多数最终学有所成，成为各自领域中的佼佼者，张晓楼就是其中的一位。1940年6月，张晓楼从私立北平协和医学院毕业，获医学博士学位，同年受聘于协和医院眼科。过往五年的协和学医生涯，披星戴月，历尽艰苦，却让青年时代的张晓楼在基础医学、临床医学、英语等方面都打下了深厚的基础。

燕京大学、私立北平协和医学院的学费昂贵，学生以官员、富商、华侨子弟为多，当时人称贵族学校。张晓楼作为一名农村子弟，在那里读书，颇显寒酸，却非常坦然自在。张晓楼自知家中经济拮据，尽力节俭，一年的所有花销加起来只有400银元，相当于当时燕京大学教授的月薪。他不看电

张晓楼在私立北平协和医学院学习期间的集体照（右二为张晓楼）

影，不看戏剧，不听音乐，生活节俭，有时饭费交不上，就悄悄到燕园附近挂家屯农民的饭摊上买碗粥和火烧凑合一天，也形成了他此后没什么业余爱好的习惯。

在读书期间，张晓楼结识了当时在北平女三中读书、后来成为他妻子的邢淑萝。和邢淑萝的相知、相助给在私立北平协和医学院学习的张晓楼带来了莫大的快乐。他们于1937年结婚，育有三女一子。两人在此后的50多年里相濡以沫，相爱相助，在人生道路上共享成功与欢乐，共度艰难与困苦。中山公园、未名湖畔、知春亭边……都曾有过他们幸福的身影。直至晚年，张晓楼还常和妻子邢淑萝结伴到中山公园，回忆那一段段共同走过的道路和美好的时光。

张晓楼是在农村长大的，深知农村缺医少药的状况，大量农民常年忍受疾病的痛苦。家乡河北省正定县是眼病的高发地区，盲人和沙眼患者比比皆是。他看到身边的乡亲们患病得不到医治，失去劳动能力，使原本贫困的生

1936年，张晓楼和邢淑萝订婚合照

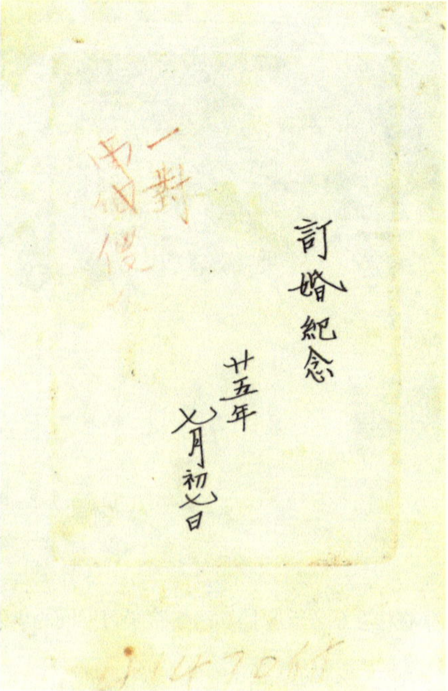

合影照片的背面，文字为张晓楼教授手书

活雪上加霜，甚至家破人亡。所有这一切深深地触动了开始学医的张晓楼，他决定毕业后要从事眼科工作。

大学时，一位患白内障而几近失明的老乡孙洛宅，在张晓楼的帮助下，到协和医院接受白内障手术治疗后重见了光明，这让老乡感激不已。这件事在缺医少药的正定县引起了巨大的轰动。瞎子复明，乡亲们都觉得神奇且不可思议，也给张晓楼留下深刻的印象，更加坚定了他的专业选择。他渴望自己也能成为一名能让患者重见光明的眼科医生。

1940年，张晓楼以优异的成绩从私立北平协和医学院毕业，取得医学博士学位。在面临毕业选择专业时，张晓楼也要接受“面试”，他毫不犹豫地选择了眼科作为自己毕生奋斗的事业。当时协和医院的美籍眼科主任问起他选择眼科的理由，张晓楼介绍了自己的家乡，讲到中国广大农村的沙眼患

1937年，张晓楼和妻子邢淑萝的结婚照

1937年，张晓楼和邢淑萝在北京大学未名湖畔

者，也提到了那位重获光明的乡亲。他说："我的家乡正定县城害眼病的人很多，如沙眼、白内障、青光眼等。有不少人因眼病变成了盲人，生活都不能自理。我希望能为他们解除痛苦，所以愿意做一名眼科医生。"眼科主任非常赞赏他的话，并说张晓楼一定会成为未来中国著名的眼科医生，因为他善良和博爱。张晓楼如愿以偿，被留在协和医院做了眼科医生，这一年他26岁。

从此，他把自己毕生的精力都投入到了眼科事业中，在追求人类光明的道路上艰苦跋涉、不懈努力，践行着要为眼病患者解除病痛、为他们留住光明的心愿。

一年后，1941年，太平洋战争爆发，日本对英美等国开战，协和医院被日本人查封占领而被迫停办。1942年初，张晓楼携家眷回到河北省正定

张晓楼夫妇各个时期的合影

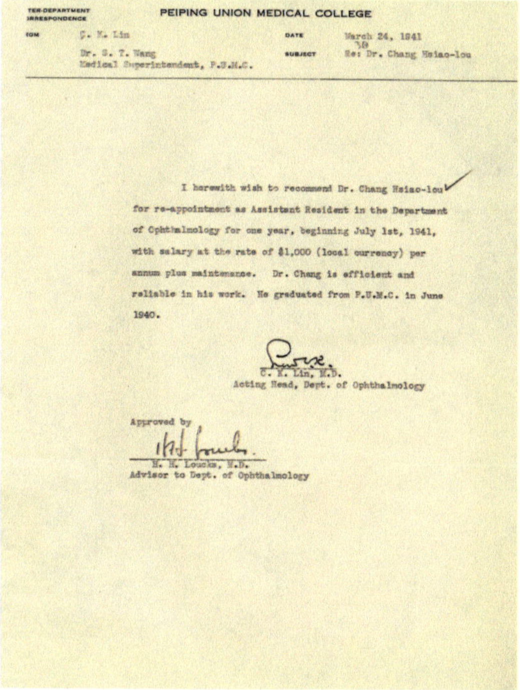

TER-DEPARTMENT
RRESPONDENCE

PEIPING UNION MEDICAL COLLEGE

ROM C. K. Lin
DATE March 24, 1941

Dr. S. T. Wang
Medical Superintendent, P.U.M.C.
SUBJECT Re: Dr. Chang Hsiao-lou

I herewith wish to recommend Dr. Chang Hsiao-lou for re-appointment as Assistant Resident in the Department of Ophthalmology for one year, beginning July 1st, 1941, with salary at the rate of $1,000 (local currency) per annum plus maintenance. Dr. Chang is efficient and reliable in his work. He graduated from P.U.M.C. in June 1940.

C. K. Lin, M.D.
Acting Head, Dept. of Ophthalmology

Approved by

H. H. Loucks, M.D.
Advisor to Dept. of Ophthalmology

时任眼科执行主任林景奎向院方推荐
张晓楼任协和医院眼科住院大夫
（北京协和医学院档案中心提供）

老家，在正定县城开办眼科诊所为乡亲们治病，也就是后来的同康医院，原址在正定县城内西大街（西门内）路南。张晓楼沿用协和医院的规范，写病历、开处方都用英文，由他的同胞六弟凤韶在旁做助手，帮他挂号、发药，也算是开当地风气之先。在家乡行医四年多，张晓楼和家乡人民建立了深厚的感情。遇到生活拮据的乡亲，张晓楼就免费为他们诊治，还经常送医送药给乡亲们。那时，正定也被日本人占领了。一次，一个日本人当着张晓楼的面，狂妄地用脚在土地上画出“大日本”三个汉字。张晓楼觉得这是对中国人极大的侮辱，十分愤怒和痛苦，深切地感到国强才能民强，只有国家富强，人民才能不被欺凌。在家乡行医的同时，他以一名正直知识分子的良知，积极参加抗日救国工作，他盼望着中华民族反侵略战争胜利的曙光，期待着满目疮痍的祖国早日成为科学强国。

抗日战争胜利后，应同仁医院（现首都医科大学附属北京同仁医院）欧

协和医院工作照
（北京协和医学院档案中心提供）

阳旭明院长的邀请，张晓楼从河北正定老家重新回到北平，受聘担任同仁医院眼科主任。

北京同仁医院创建于1886年（清光绪十二年），其前身是美国基督教美以美会创办的“美以美会医院”，这所教会医院每年都会选拔出最优秀的医生去美国学习。1948年底，原本计划继续深造的张晓楼已经办理了去美国留学的手续，在新中国成立前夕，他毅然决然地放弃了赴美留学的计划，留下来和同事们一起迎接北平的和平解放。

多年后，张晓楼的爱女张薇女士回忆起那段时光，说：“当时我们都住在同仁医院旁边亚斯立堂的大院里，父亲办好了出国留学的手续，大家一起在院子里合了一张影。那个年代，只有黑白相片，父亲特意去请人染成彩色的。我觉得，父亲是想把这张照片带着一起出国的。但后来听闻北平即将解放的消息，父亲毅然放弃出国留学，决定留下来。”

1949年10月1日，中华人民共和国成立。张晓楼后来回忆，他永远不会忘记那个幸福的时刻。他坚信，迎接他的将是一个充满光明与希望的新

1942年初，张晓楼在河北省正定县开办同康医院

时任北京同仁医院院长的欧阳旭明
（任期：1946年4月—1948年8月）

时代；他也坚信，自己一定能在共和国的土地上成长为中国人民自己的眼科专家。

新中国成立以后，北京市人民政府接管了同仁医院。党和政府十分重视发展人民的健康事业，对医务工作者倍加关怀。1947年北平协和医学院、协和医院也相继恢复正常的医疗和教学工作，张晓楼除了在同仁医院眼科任职外，也在北京协和医院任职、任教。1950年，张晓楼被聘为北京协和医

20世纪20—50年代北京同仁医院原貌（摄于1951年）

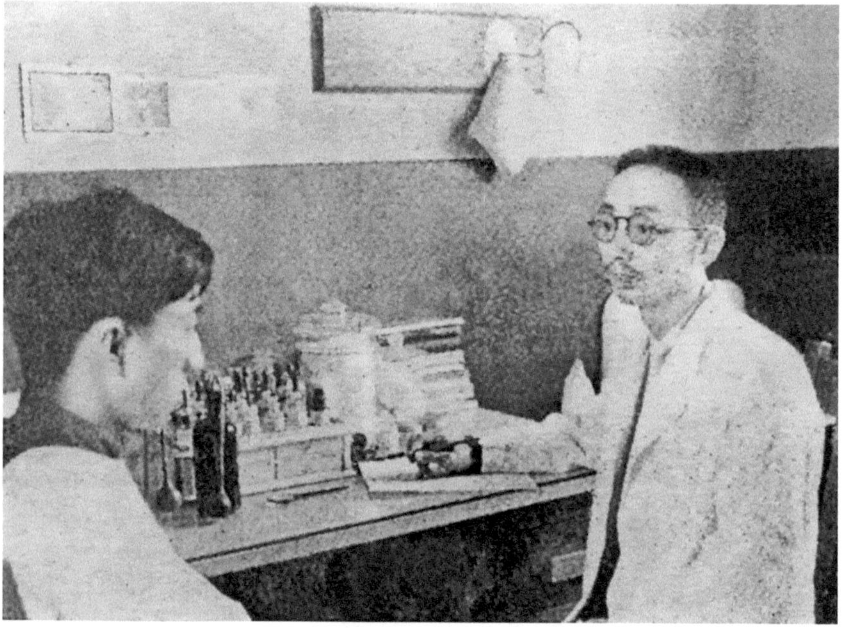

姚潘汉——北京同仁医院第一位中国眼科医生

1948年北京同仁医院的眼科医生（后排居中为张晓楼）

1949年，张晓楼拟赴美前全家合影

1954年，张晓楼全家合影，身后为亚斯立堂，位于北京同仁医院东侧，现仍在使用中

学院眼科副教授，1953年晋升为教授。1954年，他被任命为北京同仁医院副院长，1959年出任北京市眼科研究所副所长。张晓楼怀着更加饱满的热情，立志在中国人民自己的医院里努力工作，为新中国的眼科事业奋斗一生。那时，张晓楼为自己制定的高远目标，就是防盲治盲，攻克沙眼。

1983年初，习近平同志在河北省正定县主持工作。在习近平同志的号召下，县委县政府出台了招贤纳士的“九条规定”，刊登在《河北日报》头版头条上，吸引了众多有志之士自愿来到正定，贡献一份力量。习近平同志还亲笔给全国各行各业的一百多位知名专家、教授、学者，写去一封封热情洋溢的邀请信。

自愿来到正定，为正定发展贡献智慧的专家很多，著名数学家华罗庚、经济学家于光远、老教育家潘承孝等都接受了邀请，当时已是世界著名眼科专家的张晓楼也收到了邀请。正定是张晓楼的家乡，是养育他的地方。彼时已近70岁高龄的张晓楼，不顾年事已高，身有疾病，多次带着医学专家到正定县培训业务人员。老乡来京求医，张晓楼总是伸出援助之手，给予热情的帮助。后来，国际防盲组织在正定县设立了防盲点，担任国际防盲咨询委员会委员的张晓楼更是经常去正定老家，指导当地医生的各项工作，为正定的医疗事业做出了巨大的贡献，直到生命的最后一刻。

张晓楼在家中与家人合影

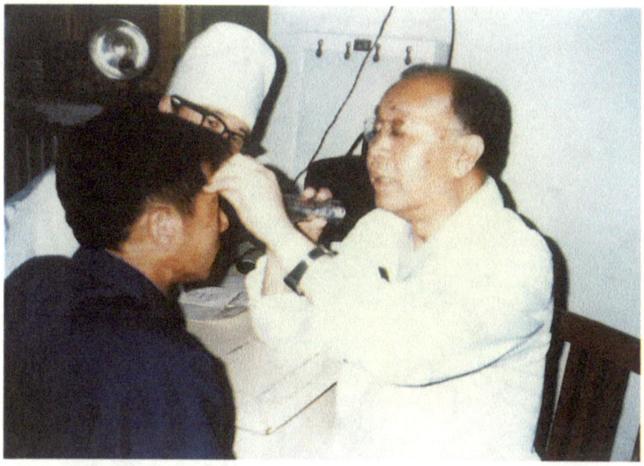

1986年5月5日，张晓楼在正定县医院义诊

20世纪80年代初，张晓楼在正定县协助医疗工作

第二章

拓展北京同仁医院眼科，竭力提高医疗质量

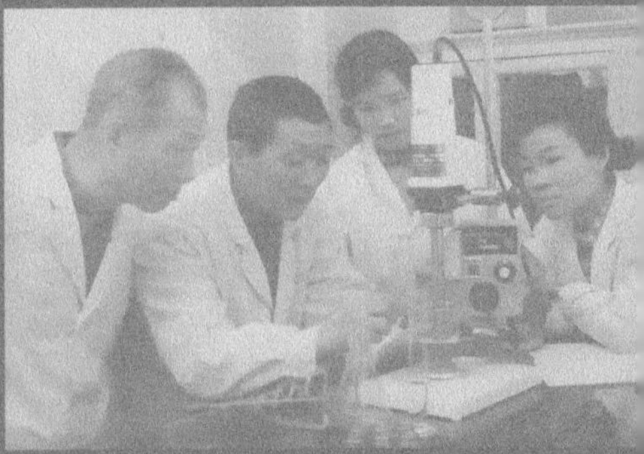

20世纪50年代末，张晓楼就任北京同仁医院眼科主任。他心系患者疾苦，竭力发展眼科，提高医疗水平。张晓楼的思维极具前瞻性，在我国眼科的学科建设、人才培养和临床工作上，在国内取得好几个“领先”，至今为眼科同人及后学所称道。

一、在全国眼科界较早地建立学科专业分组

张晓楼在繁重的医疗工作任务中，意识到科室的长远发展需要团队的力量，一定要建立一支有担当、可持续发展的人才梯队。任北京同仁医院眼科主任期间，他着意培养了一支由数十余名副主任医师组成的骨干队伍，如张淑芳、傅守静、李荣德、金秀英、张敬娥、郑邦和等，后来这些业务骨干都成了促进同仁医院眼科迅速发展的中坚力量。他还在此基础上组织建立了多个眼科专业组，如外眼病组、青光眼组、眼底病组、角膜病组、眼病理组、

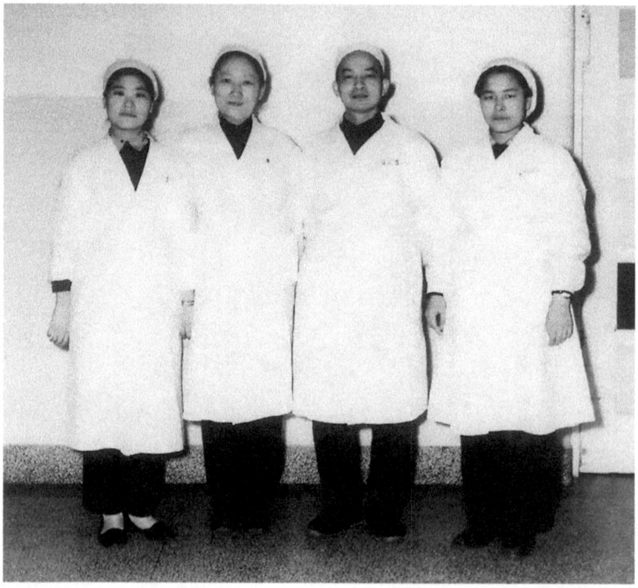

20世纪60年代，北京市眼科研究所生理室研究人员合影
（左起：张用敏、张敬娥、黄主精、曹靖怡）

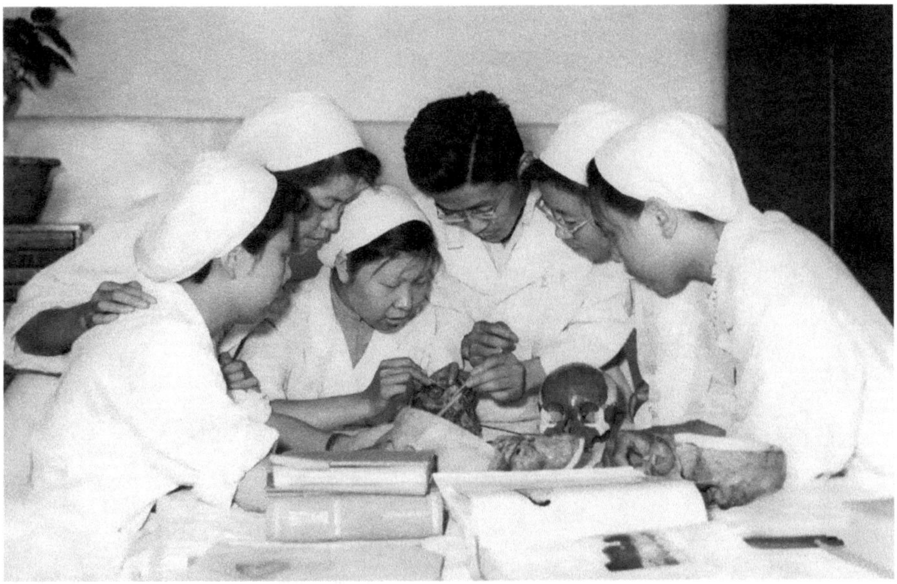

20世纪60年代，北京市眼科研究所眼病理室研究人员在做实验

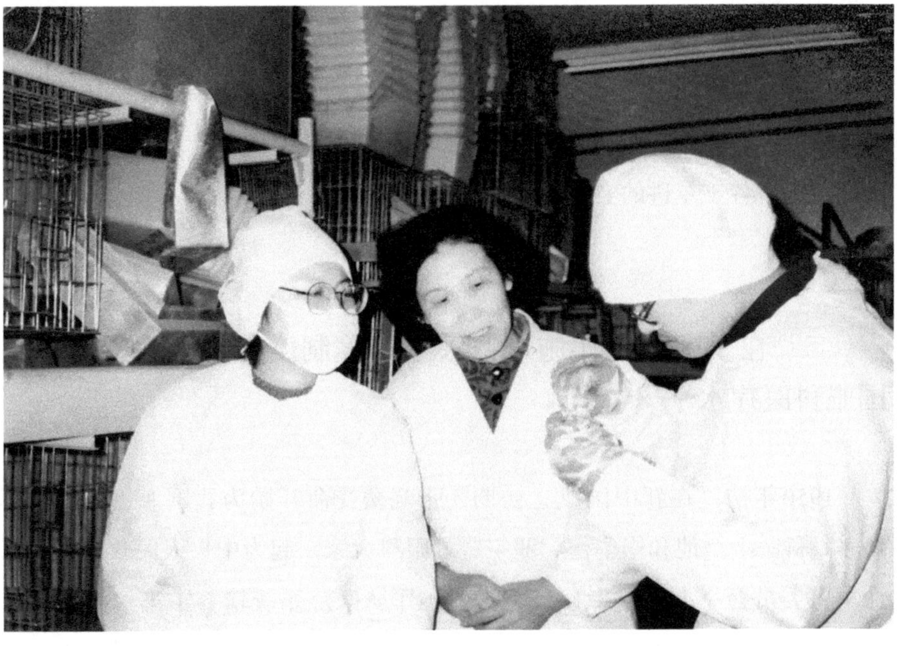

20世纪60年代，北京市眼科研究所药理室研究人员在做实验（中为王香兰）

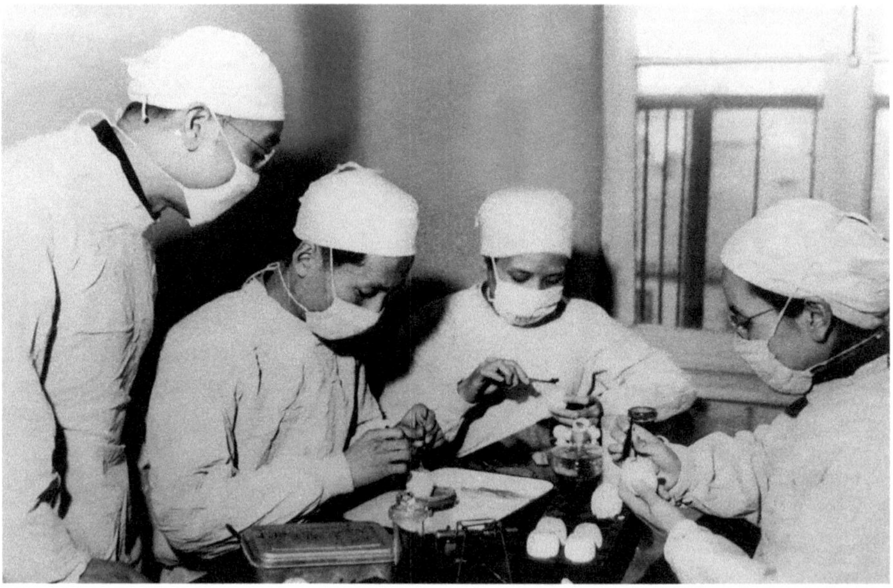

20世纪60年代，北京市眼科研究所微生物室研究人员做沙眼衣原体鸡胚分离、培养实验的场景（左一为张晓楼）

屈光组等，成为同仁眼科各亚专科的雏形，此后逐渐扩展。张晓楼还注重人才队伍的梯队建设，促使同仁眼科各专业组得以快速成长、发展，形成了今天涵盖眼科各亚专科的实力雄厚的同仁眼科。

二、在全国率先实施进修医生培养制度，普及并提高了我国眼科医疗水平

1950年初，在新中国成立初期，张晓楼受命开始为我国海、陆、空军培养眼科医生。他和毕华德、罗宗贤等眼科大家一起为中央人民政府人民革命军事委员会举办眼科专修班，为我国军队医疗系统培养了第一批眼科骨干，为部队医疗人才培养做出了极大的贡献。在此基础上，张晓楼相继制定

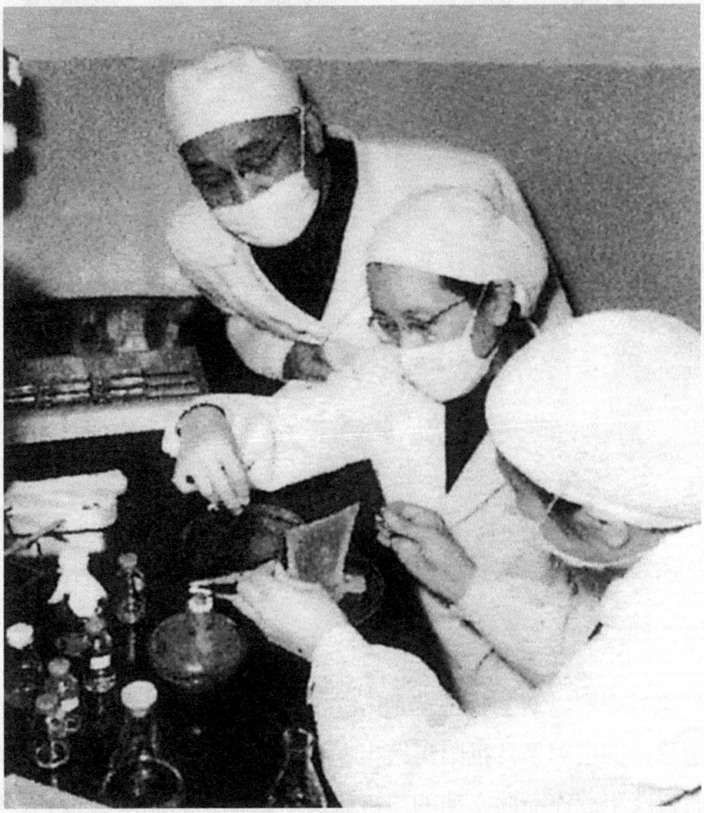

1963年，北京市眼科研究所的科研人员在做实验（左一为张晓楼，中间为金秀英）

1962年，北京同仁医院病理专家郑邦和教授（中）指导制作眼球火棉胶切片（左一为孙宪丽）

了北京同仁医院眼科《进修医生定期培养制度》，为国内各省市、城乡、少数民族及边远地区培养了几批眼科医生，桃李遍及全国，包括来自西藏自治区的藏族眼科医生。而面向全国的《进修医生定期培养制度》也一直沿用至今，并被全国各大医院广为借鉴，成为专科医师培养的必经之路。

三、在全国率先开展在门诊实施内眼手术，成为今天眼科日间病房的雏形

患者众多是北京同仁医院眼科的特点，每天接诊全国各地的患者超过

1956年，张晓楼（前排左六）和北京同仁医院眼科进修班学员结业合影

1950年，张晓楼（第二排右五）和部队眼科医生培训班学员合影（第二排右四为罗宗贤，后排右五为金秀英）

1956年，张晓楼（前排左二）与北京同仁医院眼科进修班学员结业合影

20世纪80年代，张晓楼（第二排右六）与西藏眼科医生白内障手术培训班学员合影

1982年，北京同仁医院眼科讲习班学员留影

五千人次，而大部分患者也把北京同仁医院眼科作为就诊的首选，同时也是寄托希望的最后一站。为了解决需做内眼手术的患者因等待住院病床而造成积压的矛盾，在张晓楼的主持下，北京同仁医院眼科从1960年起，开展门诊实施白内障摘除等内眼手术的先例，制定了严格的无菌操作流程，延续至今，并逐渐发展成今天颇具规模的日间手术模式。

此举取得了良好的成效，及时解除了患者的疾苦，极大地提高了工作效率，也方便了广大患者，减轻了他们的经济负担。如今北京同仁医院眼科日间病房的建设经验已经被全国众多的大医院眼科所借鉴，惠及众方。

四、创建国内首所眼科基础研究基地——北京市眼科研究所

极具前瞻性思维的张晓楼，在20世纪50年代初就为建立中国第一个眼

科研究所而努力。他说，不进行基础研究，临床上的提高是有限的。1959年北京市眼科研究所成立，这是我国第一个眼科专业的基础研究基地。在张晓楼的指导下，眼科研究所建立了微生物、病理、生理、生化等基础研究室，开展了多方面的基础研究并不断取得成果。即使在“文化大革命”期间，研究所被迫闭门，张晓楼与他的同事仍然利用业余时间，进行沙眼病原体的研究。

张晓楼医术精湛，为人忠厚，自1950年起就经常被指派担当为国家领导人看病的任务，曾多次担任毛泽东主席的保健医生，也经常为周恩来、朱德、刘少奇等党和国家领导人看眼疾。心中一直装着中国眼科事业的张晓楼在给首长看病时，经常向领导汇报、介绍中国眼科的现状以及亟待解决的问题，抓住一切机会，为我国眼科事业的发展积极谏言。

功夫不负有心人。在他不断的倡导下，1961年国家公布的《农业六十条》把积极防治沙眼列为一项重要内容，为此后在全国范围内大规模的沙眼防治工作打下了坚实的基础。

与此同时，学识渊博的张晓楼意识到了临床和基础相辅相成、互为臂膀的重要性。他为发展眼科基础研究而四处奔走，争取得到国家党、政领导人的支持。北京市眼科研究所的成立，就曾得到时任北京市市长彭真同志的全力支持。事实也证明，张晓楼大力倡导建立的北京市眼科研究所，在与汤飞凡教授合作分离沙眼衣原体的工作中起到了举足轻重的作用。

20世纪70年代初，张晓楼在向周恩来总理汇报北京同仁医院眼科情况时，提到外宾在参观后认为同仁眼科的“业务水平很好，但是设备却是40年代的”的时候，周总理说：“你们医院眼科在首都甚至全国都是有名的，一定要有现代化设备。有困难找市委，实在不行，也可以找中央嘛！”毛泽东主席也风趣地对张晓楼说：“应该给你这个‘小楼’盖一个大楼！”

有了领导的指示，此后，同仁眼科陆续添置了手术显微镜、显微手术器械、冷冻治疗器、荧光造影仪、双目间接检眼镜等先进的医疗设备。在周总理的关怀下，北京同仁医院眼科得以较早地与国际眼科接轨，对全国眼科医

1960年，北京市眼科研究所门前留影（前排右二为第一任所长罗宗贤，左一为傅守静，后排右二为张晓楼）

20世纪80年代，张晓楼在眼科病房门前（右一为郑邦和）

疗技术的发展起到了推动作用。相应地，北京同仁医院也建起了新的门诊大楼。

忆及张晓楼初到同仁医院任职时，眼科仅有九名医生和一位特聘专家罗宗贤教授。眼科设备只有“三大件”，即手电筒、放大镜、检眼镜。只有一间候诊室、数间诊室、一间暗室兼验光室、一间主任办公室、一个还算大的磨镜车间……北京同仁医院眼科能够发展到今天的规模，并享誉海内外，张晓楼教授可谓是卓越的开拓者，功不可没。

五、创建北京同仁眼库，建立了国内第一个角膜移植的眼库

我国是一个人口大国，因角膜疾病而失明的人不计其数。能使角膜盲

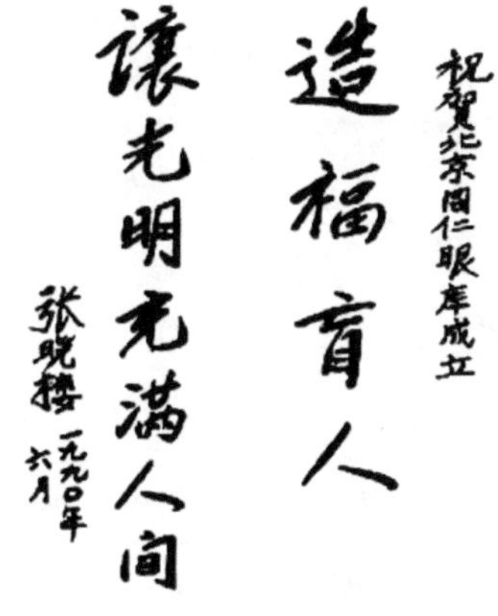

1990年6月，张晓楼教授为北京同仁眼库成立题词

患者恢复视力的唯一手段是角膜移植。供体的角膜经过处理后要放置于眼库保存，为需要角膜移植的患者提供角膜材料。长久以来，国内没有建立自己的眼库，当时所有的角膜移植手术都依赖于十分有限的进口角膜材料，或来自国外友人的捐赠。对此，张晓楼一直记挂在心。在他的努力倡导和推动下，1990年6月12日，北京同仁眼库宣布成立，成为国内第一个眼库。正在住院治疗的张晓楼，特意嘱咐夫人将他亲手题写的“造福盲人，让光明充满人间”的题词送到眼库成立大会，表示祝贺。的确，眼库的成立，让中国人广泛开展自己的角膜移植手术成为可能，更为无数因角膜病致盲的患者带来了光明。

六、同仁眼库捐献角膜的第一人

眼库成立三个月后，1990年9月14日，一代眼科大家张晓楼教授因病去世，享年76岁。遵照他的遗愿，他的双眼角膜捐献给了同仁眼库。张晓楼，是建立同仁眼库的倡导者，也是为同仁眼库捐献角膜的第一人。他的双眼角膜分别给两名因角膜疾病而致盲的工人张成茹、曲国华做了角膜移植手术，

位于北京市眼科研究所的张晓楼教授塑像

让他们重见了光明。

现任北京同仁医院副院长的魏文斌教授，当年还是一名年轻医生，怀着敬仰之情，在张晓楼教授的遗体前三鞠躬。是他取出张晓楼教授的眼球，用于角膜移植。谈及当时的情景，魏文斌教授依然记忆犹新，感慨万千。

第三章

热心医学教育事业，为培养眼科医学人才尽心竭力

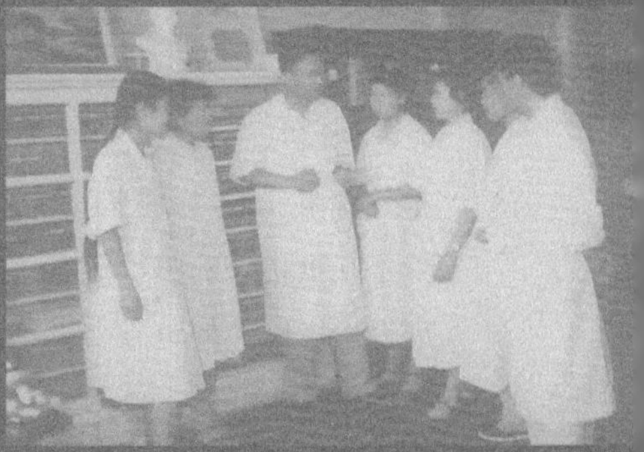

1951年6月，中华医学会眼科学会北京分会年会合影（前排右二为张晓楼）

张晓楼一贯热心医学教育事业，对教学工作高度认真负责。他对祖国医学教育事业的热爱到了执着的程度，甘为人梯，提携后学，多年来为我国培养了几批优秀的眼科医生，桃李遍及全国各个省区市，为我国眼科事业的发展做出了巨大的贡献。

“严字当头，爱在其中”，学生们这样评价他们的导师——张晓楼教授。跟他学习，效率高、收获大、催人奋进。他建立了严格的24小时住院医师制度，责任医生每个周日上午要来查房、换药，他定期督察。他授课不仅亲自编写讲义，而且课讲得深入浅出、生动有趣、条理清晰、重点突出，常能把复杂的科学问题，剖析得活灵活现且简单易懂，深受学生们的爱戴。

在年轻医护人员身上，张晓楼倾注着慈父般的关爱。他的诲人不倦，

20世纪80年代，张晓楼教授给全国防盲工作会议授课

给年轻医生留下非常深刻的印象。他制订了系列教学计划，经常会有步骤、有针对性地给年轻医生分配任务，让他们做病例报告、讲课，“逼”着他们学习。

在科室内，张晓楼每周定期大查房，科内主持、组织疑难病例讨论会、学术报告会、读书报告会，还鼓励年轻医生积极参加北京市眼科学会组织的学术报告会议，充实业务知识，锻炼自己的综合能力。而这种学习讨论、交流的模式是如今遍布全国的眼科学术论坛、学术会议的雏形，既提高了医生的临床、科研、教学水平，也促进了同行间的交流学习。

在手术带教方面，张晓楼也有丰富的经验。他会有计划、有目的地为年轻医生制订学习方案。无论是让他们做手术助手，还是自己为这些年轻医生做助手，张晓楼在术后都要亲自点评，指出哪里做得好，哪里还需要注意，使年轻医生的手术水平在循序渐进中又得以迅速提高。许多医生因此也形成了看病人之前看书做准备、看完病人再查阅相关文献做总结的习惯，一直保持至退休。张晓楼曾在《人民日报》发表题为《医生的工作出不得废品》的文章，文中写道："医疗卫生事业不同于别的事业，出不得废品，不能不懂装懂，一定要尊重科学，实事求是。总之，自己有把握的就诊断、治疗，有疑问的就应该请教别人。"

在临床教学方面，张晓楼重视基础理论与临床实践的有机结合。除了要求医生熟记书本上的理论知识，他特别注重通过查房解决临床上实际遇到的疑难问题，使年轻医生迅速提高诊疗水平。张晓楼查房以严格著称。临床上的任何一个问题，张晓楼都要让大家务必弄清楚，共同学习，共同提高。同仁医院因此而获益终生的许多眼科专家，至今提起，仍记忆犹新。

张晓楼善于发现人才，鼓励年轻人学习进步，并为他们创造各种机会和条件。但凡有年轻医生送给他审阅的稿件，他都认真阅读、仔细修改，给予悉心的指导。很多作者虽并未与他谋面，却能感受到他亲切的关怀和教导，为此而感动不已。有幸与张晓楼教授相处过的年轻人都深有感触，他是个平易近人、诲人不倦的长者。1979年，北京第二医学院（现首都医科大学）初建研究生培养制度，张晓楼担任眼科研究生导师。作为国内最早的一批研究生导师、首批博士研究生导师，他先后培养了4名博士研究生，这些学生后来都成为国内外眼科界的优秀人才。

20世纪80年代，张晓楼（前排右二）的研究生毕业答辩合影

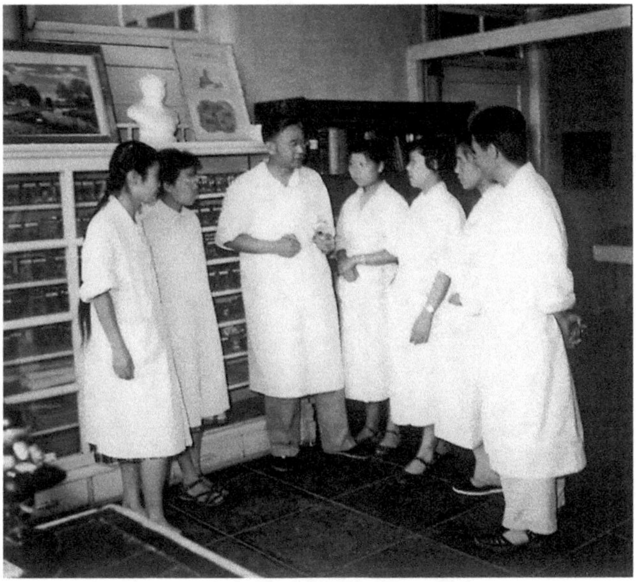

20世纪60年代，张晓楼教授在病理室指导年轻医生

张晓楼心系病人疾苦，勤奋好学，博览中外医学文献书籍，掌握国际眼科临床医疗技术和关注新的研究动向，并将自己的学习经验以文章的形式传播给大家，共同提高我国眼科诊疗水平。他以身作则，在科内树立勤奋学习、刻苦钻研的学风，倡导并督促各专业组深入学习研究各专业领域内的新进展、新理论，不断提升同仁眼科的专业水准，成为全国眼科界的领头羊。

20世纪40年代末，是信息封闭、图书资料匮乏的年代。但张晓楼在接任中华医学会眼科分会主任委员后，倡导全国成立眼科专业组及专业协作组，提高了全国眼科的诊疗水平，奠定了今天国内眼科各专业组百花齐放的基础，与国际眼科的交流也日趋增多。

此外，张晓楼积极著书立说。张晓楼领导科内医生合作翻译《盖氏眼科学》，该书于1951年出版发行，成为我国眼科比较早的中译本眼科教科书。他1954年编写了《眼科手术学》；1955年为培训军队眼科医生编写了《眼科学》；1960年参与编写了《实用儿科学》眼科疾患部分；1961年参编了高等

1979年，北京市眼科研究所接收的首位硕士研究生戎冰兰（第二排左一）

医学院校教材《眼科学》；1977年参加编写了《眼底病》；1984年参加了修编高等医学院校教材《眼科学》；1986年编写了《中国医学百科全书·眼科学分册》。他著述等身，共主持、翻译和编写了专著11部，为广大的青年医生带来了广博的知识；在国内外医学杂志发表学术论文40余篇，发表科普文章20余篇，为我国眼科的医疗、教育、科研、预防和科普事业做出了突出贡献。

张晓楼十分重视科学情报领域的开拓。在信息资源极度缺乏的年代里，在他的主持下，北京市眼科研究所在1963年组建了眼科文献情报编辑室和图书室。张晓楼自己整理编纂《中国医学文摘·眼科学》，受到国内外同行的一致好评。1964年起，北京市眼科研究所承担编辑出版《医学文摘第十分册——眼科学》的任务，由张晓楼任主编。该杂志于1977年更名为《国外医学参考资料·眼科学分册》，1979年更名为《国外医学·眼科学分册》，2006年更名为《国际眼科纵览》，全国发行，持续至今。杂志报道世界眼科领域的学术发展动态，使我国眼科界步入世界眼科的范畴，推动了我国眼科事业的发展。

1964年，北京市眼科研究所编辑出版的《国外医学·眼科学分册》（现名《国际眼科纵览》）

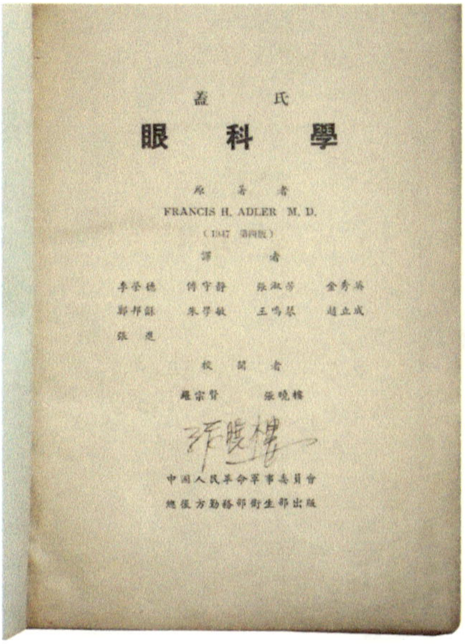

北京同仁医院眼科翻译的《盖氏眼科学》（1947年第四版）

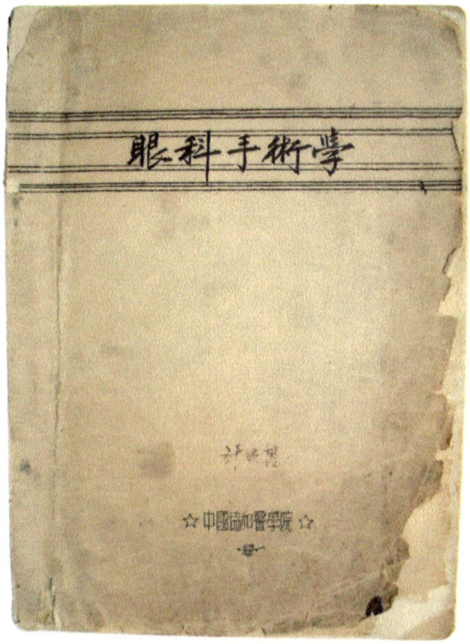

20世纪50年代，张晓楼编写的讲义《眼科手术学》

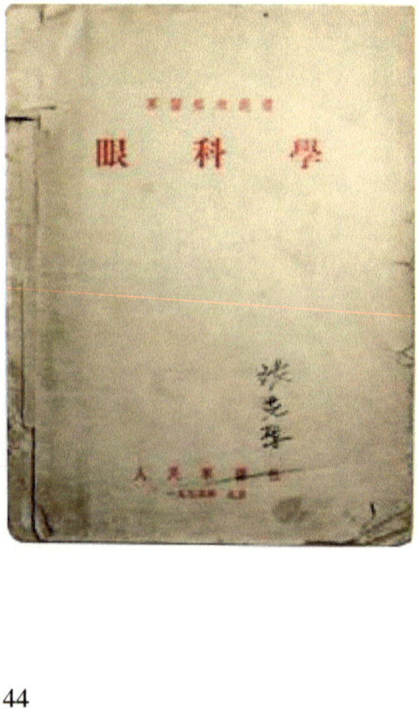

20世纪50年代，张晓楼编写的教科书《眼科学》

20世纪80年代，伏案书写的张晓楼教授

张晓楼教授的工作学习笔记

第四章

创建国内首所眼科基础研究基地

——北京市眼科研究所

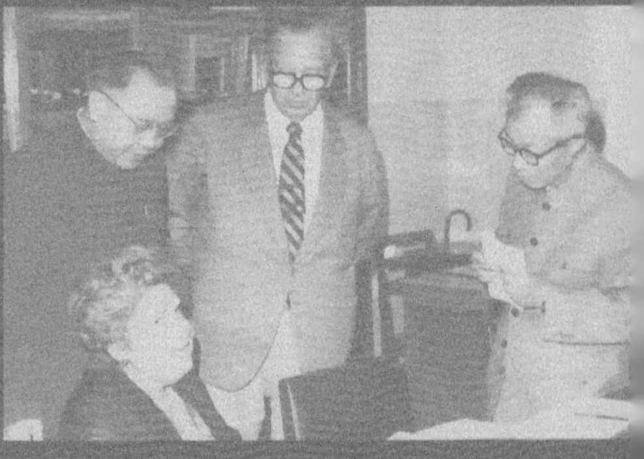

张晓楼十分重视眼科基础研究，他的心中一直秉承的理念是：医生从事基础研究的目的，是为了推动临床诊疗、预防的进一步发展，两者相辅相成，互为促进。在那个年代的医生中，鲜有持此理念者，这应该是今天“转化医学”理念的原型。

任北京同仁医院眼科主任期间，张晓楼主张让年轻医生在进行临床诊疗工作的同时，学习相关基础知识，提高对疾病的认知，再服务于临床。他还亲自挑选、派遣年轻医生外出进修学习基础医学。他亲自选拔的“苗子”，后来都成长为各个专业的学科带头人。张晓楼经常告诫大家：“你们绝不要只满足于做一个熟练的手术匠，不能只满足于日常常规工作。不能只知其然，不知其所以然，要抓紧时间学习，提高理论水平，用理论指导实践。”张晓楼不但提倡加强理论学习，也十分重视临床实践，鼓励大家扎扎实实地练好基本功。

他在治学方针上的远见卓识，为培养眼科人才提供了必要的保证。在他的治学思想指导下，眼科临床医生的科研水平得到了极大的提高，为重点学科的进一步发展提供了人才保障。

一贯勤奋、严谨的张晓楼毕生刻苦研修，每天读书到深夜。张晓楼有一句名言：“书就是朋友。”他非常喜爱京剧艺术，却没有时间上剧院，顶多打开收音机听几段。每晚不到12点不休息，成了他保持几十年的习惯。多少个不眠之夜，他勤奋地撰写科研论文、翻译资料；多少个节假日，他忙碌在门诊、病房、实验室和图书馆。

博学而不穷，笃行而不倦，是张晓楼慎终如始的治学态度。工作繁忙的张晓楼每周日都到协和图书馆查阅资料，并借回自学。为了进行眼科微生物学研究，他还挤出时间到协和细菌科和病毒学研究所进修学习。他的子女们至今谈起自己的父亲，最难忘的，都是每个星期日，张晓楼拎着一个蓝布包去协和图书馆看书借书的身影。长期理论学习与实践经验的积累，使张晓楼不但精通眼科临床学和基础理论，而且在微生物学、病理学和免疫学等方面也有很深的造诣。

1959年7月10日，北京市眼科研究所成立合影（第二排右三为张晓楼）

随着科学技术的不断发展，成立眼科研究所成为张晓楼心中越来越迫切的愿望。他说：“如果不进行基础研究，临床的提高是很困难的，我国必须要有我们自己的眼科科研基地。”他还说：“要想建立起眼科研究所，有很多困难。但是不管有多难，我一定要办到，否则死不瞑目。”

他一边率领身边一群基本功扎实、勤奋好学的年轻人加紧进行有关课题的研究，一边为眼科研究所的筹建四处奔波疾呼，争取得到国家和党政领导人的支持。张晓楼提出的“加强眼科应用基础研究”这项远见卓识的建议，得到了眼科前辈、著名眼科专家罗宗贤教授等的认可和鼎力支持，为北京市眼科研究所的建立起到了极其关键的推动作用。最终北京市眼科研究所成立，还得到时任北京市市长彭真同志的全力支持。

经过几年的艰苦努力，1959年7月，我国第一所眼科应用基础科研基

1959年7月10日，北京市眼科研究所所务会议上，第一任所长罗宗贤讲话（右三为张晓楼）

张晓楼在北京市眼科研究所成立大会上讲话

北京眼科研究所今成立

以同仁医院眼科为基础

总結經驗开展研究
为患者和教学服务

【本报訊】北京市眼科研究所正式成立，今天上午举行了成立仪式。这个研究所由市公共衛生局領导，設在北京市同仁医院。它的研究人員和技术力量以同仁医院眼科为基础；它将逐步对本市各兄弟医院眼科起到业务上的指导作用。

大跃进以来，北京市的眼科工作得到了飞跃的發展，开展了沙眼快速治疗等研究工作，一般医疗質量也有提高；但对总結临床經驗，通过研究工作提高医务人員业务水平却做得很少。眼科研究所就在这种形势下誕生了。市同仁医院眼科历史較久，病人比較集中；近年来为了适应临床需要，开展了眼科病理和微生物等方面的研究工作，初步具备了科学研究的条件。眼科研究所成立后，将促使研究工作扩大和系統化，使能更好地为临床和教学服务。

目前，眼科研究所已开展了眼科病理学的研究，整理病理标本，以供今后作专題研究和教学使用。还将結合沙眼快速治疗，开展沙眼病毒实驗室的研究；并逐步开展对危害較大的眼病的研究。

1959年7月10日，《北京晚报》
报道北京市眼科研究所成立

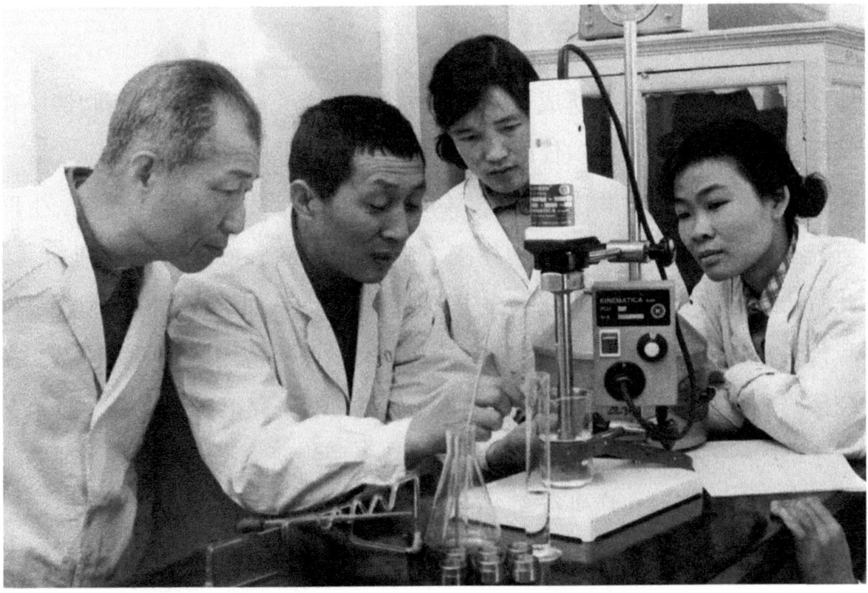

北京市眼科研究所副所长李荣德（左一）等调试生化室的新仪器

20世纪80年代，张晓楼（右二）、郑邦和（右一）、孙宪丽（左二）在病理室讨论工作

地——北京市眼科研究所成立了。成立之初，北京市眼科研究所聘请协和医院眼科主任罗宗贤任第一任所长，张晓楼任副所长。

研究所设有微生物学研究室、病理学研究室、生物化学研究室、生理学研究室等，集中了一批基本功扎实、外语水平较高、责任心强的业务骨干。此后陆续增设了药理学研究室、防盲研究室等，从而形成了同仁医院眼科和眼科研究所相结合、临床与基础理论相结合的眼科应用基础研究体系。在张晓楼的倡议下，20世纪50年代，眼科微生物学研究组以显微镜、暖箱、低温冰箱这三大件简陋的仪器，开始了感染性眼病研究，同时建立了独立的眼科病理室，对眼科疾病进行深入的病理研究。

北京市眼科研究所成立伊始，微生物学研究室在张晓楼的直接主持下开展了致眼病微生物（衣原体、细菌、真菌、病毒等）的分离、培养、鉴定、

20世纪80年代，病理学研究室研究人员合影（右一为郑邦和，左二为孙宪丽，右三为胡士敏）

动物眼感染建模、细胞学诊断、抗感染药物筛选等感染性眼病的实验与临床研究。同时，在北京同仁医院眼科设立外眼病、角膜病专病门诊，在临床实践中发现问题，实验研究解决问题，实行科研课题源于临床所需、科研成果回馈并服务于临床，由此形成一套完整的体系。这也是转化医学理论形成，并付诸实践的早期实例。

为使临床实践和理论紧密地结合，以医疗启动科研，以科研促进医疗，张晓楼提出并强调“院所结合、科所结合”的主张，多次在北京同仁医院眼科和研究所的会议上语重心长地阐述科研与临床关系的重要性。为了加强对国际眼科学术界的学术交流和了解，张晓楼多次出访美国、日本、法国、瑞士、印度等国，参加国际学术会议，同时也邀请英、美、日、法、越等国的多位著名眼科专家、流行病学专家来华访问、讲学、交流，开阔眼界，掌握国内外眼科动态，运用新的理论指导科研和临床实践；同时，也把中国眼科尤其是北京同仁医院眼科的理念、技术与多位国外专家、学者进行交流，让国外专家了解同仁医院眼科，也了解中国的眼科医疗现状，加深彼此的了解，增进彼此的友谊。这种深厚的交流一直延续至今。

间接检眼镜的使用，即是当时在北京同仁医院眼科实习的美籍华人张美伦医生引入同仁医院眼科的，大受欢迎。很快，这项技术在北京同仁医院眼科获得了广泛的应用，成为北京同仁医院眼科特别是眼底科医生的基本功，也是北京同仁医院眼科独到的优秀技术之一，并在傅守静主任、胡伟芳主任等的拓展、推广下，成为每年同仁医院眼科举办的视网膜脱离学习班的必修课，并不断在全国范围内推广应用。

1981年，国际著名的眼科专家、巩膜外环扎与巩膜外垫压手术的开创者和现代双目间接检眼镜的发明者查尔斯·斯凯本斯（Charles Schepens,

20世纪80年代，张晓楼（左一）等为外宾展示病理资料

20世纪80年代，生理室张敬娥（前排右二）、李荣德（前排左一）等接待外宾

20世纪80年代，时任美国眼科学会主席的卡尔·库博（Carl Kupfer）夫妇参观北京市眼科研究所（1）

20世纪80年代，张晓楼（左一后排）、李荣德（右一）陪同外宾进行学术交流

20世纪80年代，时任美国眼科学会主席的卡尔·库博夫妇参观北京市眼科研究所（2）

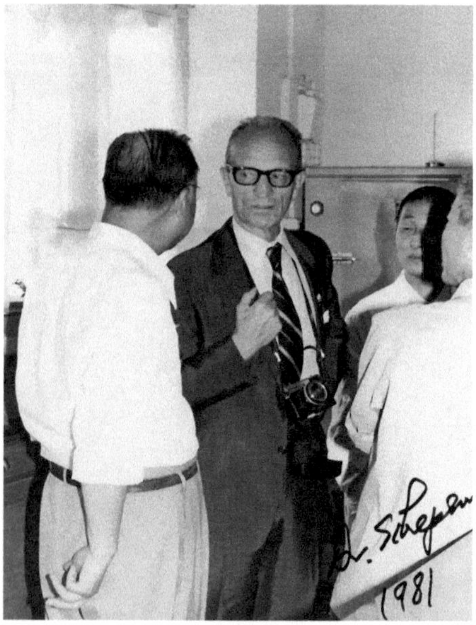

1981年，巩膜外环扎及巩膜外垫压手术的开创者和现代双目间接检眼镜的发明者查尔斯·斯凯本斯来访，与张晓楼教授交流

1988年8月30日，张晓楼（右一）等与外宾合影（中间为张士元，左一为王光璐）

1988年8月，张晓楼与外宾交流

20世纪80年代，张晓楼（右二）与外宾交流

1912—2006）来访，对北京同仁医院眼科给予了极高的赞誉。

早在20世纪50年代，张晓楼就向国外同行介绍在门诊开展内眼手术尤其是白内障手术的想法，得到一致赞同，是今天国际上广泛开展的日间手术中心的雏形。

天道酬勤，张晓楼和他的同事们的共同努力很快使北京同仁医院眼科和眼科研究所在临床和科研领域达到了国内领先水平，并且日益引起国际眼科界的关注。

1988年，继沙眼衣原体研究获得举世瞩目的成果后，在张晓楼的倡导和努力下，中国的防盲治盲工作也取得了巨大的成就，北京眼科研究所被世界卫生组织（World Health Organization，WHO）确定为其在中国的防盲合作中心，张晓楼任中心主任。中心成立后，张晓楼多次举办全国流行病学与

20世纪80年代，张晓楼（左六）与国内眼科专家合影（左一为李荣德）

20世纪80年代，张晓楼（右一）出访美国约翰·霍普金斯大学威尔玛眼科研究所（Wilmer Eye Institute）

1979年，张淑芳、傅守静、郑邦和与张美伦医生合影。右二为张美伦医生，美籍华人，当时在北京同仁医院眼科实习，是将双目间接检眼镜引进中国的第一人

低视力学习班，制订全国防盲规划，组织协调全国防盲、治盲工作，开创了我国眼科防盲治盲工作的先河。

作为我国眼科的学科带头人，张晓楼致力于学科发展的诚挚态度和迫切心情，激励着北京同仁医院眼科的临床医、护、技成员及医学基础学科的研究成员朝着更高的目标奋进。张晓楼所具有的卓越思维和意识，更使得北京同仁医院眼科成为我国眼科界较早与国际眼科界开展交流合作的科室，为后来同仁医院眼科发展过程中各学科人才对外学习交流奠定了坚实的基础。大批的医生出国深造，延续了同仁医院眼科各学科专业人才的梯队建设。李志辉、王光璐、张方华、张文华、施玉英、王绍莉、魏文斌、李冬梅等，都成为了中国乃至国际知名的眼科专家。他们不仅带回了国外眼科的先进技术，增进了交流合作，更促进了各学科的发展，使北京同仁医院眼科成为国内眼科的领头羊。

1979年10月25日，北京同仁医院眼科部分人员在54楼（今北京同仁医院西区诊疗楼）前合影（前排从左到右依次为张晓楼、张美伦，右一为郑邦和，二排右二为张淑芳、右三为傅守静）

1962年8月18日，北京市眼科研究所成立3周年合影（前排左二为张晓楼）

1986年，北京市眼科研究所与眼科部分临床工作人员举行科所合作专题座谈会后，于54楼楼顶合影

2006年10月，在北京市眼科研究所举行的张晓楼教授塑像揭幕仪式（左一为金秀英，中间为韩德民，右一为王宁利）

2006年10月，张晓楼教授塑像揭幕仪式合影

第五章

在全国倡导专业协作组，推动国内眼科全方位发展

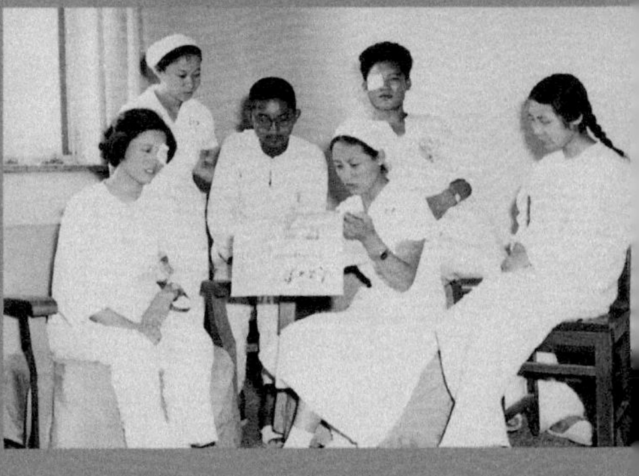

1937年，中华眼科学会成立

张晓楼在中国眼科界杰出的学术贡献，受到全国同人的尊敬和一致认可。1965年，在武汉召开的中华医学会眼科学会第一届学术会议上，张晓楼被推选为中华医学会眼科学会主任委员。1979年，在第二届学术会议上他被一致推选续任主任委员。1984年在南宁召开的中华医学会眼科学会第三届学术会议期间，针对当时中国眼科的学术现状和发展方向，张晓楼为眼科学会的发展做了很多建设性和拓展性工作。在他担任主任委员期间，在他的提议和推动下，学会下设了若干个眼科专业学组；恢复了各省市的眼科分会；恢复出版《中华眼科杂志》，张晓楼任《中华眼科杂志》总编辑，并使《中华眼科杂志》成为最受眼科医生欢迎的杂志，延续至今；制定每四年召开一次全国眼科学术会议的制度，后改为每两年一次，活跃了国内眼科的学术活动，更给大家提供了交流学习的平台。这些举措切实推动了国内眼科全方位的发展。

除此之外，张晓楼还担任中华医学会常务理事、中华医学会科普工作委员会副主任、全国防盲指导组副主席、中国残疾人康复协会顾问、世界卫生组织专家咨询团顾问、《国际代谢及儿童眼科杂志》编委和《国外医学·眼科学分册》主编、顾问等职，可谓身负重任。1955年，张晓楼与汤飞凡教授合作分离出沙眼衣原体后，他更是把余生的精力都奉献给了全国的沙眼防治工作，并取得了令人瞩目的成效，使中国基本消灭了沙眼。

1950年，北京眼科学会全体会员合影

中华医学会眼科学会第三届学术会议开幕词

张晓楼

各位领导、各位代表：

中华医学会眼科学会第三届学术会议今天开幕了！来自全国各省、市、自治区的正式代表共220人。中华医学会总会、广西自治区政府、卫生厅、科协以及中华医学会广西分会的领导同志也出席了大会。我代表眼科学会向各位代表表示热烈的欢迎！向出席这次会议的领导同志以及积极筹备此次会议的同志们表示衷心的感谢！

这次会议的主要任务：(1) 交流经验，检阅成绩。自1979年第二届学术会议以来，全国各地区、各学组都做了大量工作，取得了很大成绩。近几年虽然通过«中华眼科杂志»及其它有关刊物，陆续发表了一些文章，介绍了眼科领域的部分医、教、研成果，但因限于篇幅，仍不能反映全貌。希望通过这次会议尽可能多交流一些经验，以检阅近几年来所取得的成绩。(2) 总结经验，指导工作。本次会议将认真总结五年来的工作经验，发扬成绩，纠正错误，制订今后工作计划，向新的高度迈进！特别是关于全国眼科学会及专题学组今后如何进一步加强协作、统一步调开展工作，眼科学会及«中华眼科杂志»怎样更好地发挥作用，适应时代的要求等问题，均将作为本届会议的重要内容。希望大家畅所欲言、献计献策，使全国的眼科工作大踏步地前进！(3) 改选全国眼科学会委员会。按照中华医学会章程，根据领导班子革命化、年轻化的要求，本届会议将改选全国眼科学会委员会，适当调整«中华眼科杂志»编辑委员会。

在热烈庆祝本届会议召开之际，我们也深切怀念自1979年第二届学术会议以来，五年当中相继离开我们的老同志：聂传贤、赫雨时、孙桂毓、张俊杰、王贞媛、潘作新、齐续哲、马镇西、张文山以及其他已去世的眼科同道。他们对眼科事业热忱、认真的科学态度，鞠躬尽瘁的革命精神，将永远激励我们前进！

五年来，全国眼科学会及各地分会在组织建设和学术活动方面都取得了较大成绩。由于科学技术的飞速发展，眼科内的分工越来越细。为了适应这种新形势，眼科学会的各专题学组由1979年的4个发展至现在的11个，即防盲(原沙眼)、青光眼、角膜病、眼外伤与职业性眼病、眼科病理、人工晶体、眼科新技术及新疗法、屈光、弱视和斜视、眼底病、遗传性眼病等专题学组。这些学组近几年来都先后召开了工作会议、学术会议，有的还举办了专题讲座，大大促进了眼科事业的发展。各地分会均有定期的学术活动、年会、专题报告。有的还组织了扩大的地区性会议，如西北五省、华北五省市、东北三省学术会议等。由于学术活动的增多，作为学术交流的园地«中华眼科杂志»即感到稿件积压，压力较大。但一些专题组及地区及时创办了«眼外伤及职业性眼病»、«眼科新进展»、«眼科研究»、«实用眼科杂志»、«青少年视力保护»、«眼科通讯»等6种刊物，使多数研究成果能够及早交流。另外，«国外医学眼科学分册»、«中国医学文摘眼耳鼻喉科学分册»也及时介绍了国内、外最新眼科学术动态。这些均活跃了学术气氛，呈现出"百花齐放、百家争鸣"的繁荣景象。

·标·

近几年来，我国眼科事业有了很大发展，但与国外先进国家相比，还有一定差距。如临床显微手术、B型超声、CT扫描等，由于仪器、设备不足，还未能普及。基础研究如眼科免疫、生化、生理、病生理等尚属薄弱环节，仍需继续努力，才能有所创新、有所前进！科学普及工作还要大力开展。近年调查，很多地区老年性白内障占致盲眼病的首位；眼外伤亦不断出现，先天性眼病相对突出了。这就需要加强科普教育，广泛宣讲科学知识，开展预防、医疗工作。

代表同志们：我国已进入一个崭新的历史时期，全国人民正在党中央的领导下，同心同德、奋勇前进！面临这样的大好形势，我们眼科工作者也感到责任重大、时间紧迫。我们必须团结起来，为振兴中华贡献自己的知识和智慧！

预祝会议圆满成功！祝同志们健康！

张晓楼教授在1984年广西南宁召开的中华医学会眼科学会第三届学术会议上所致开幕词

复刊词

当前全国人民在华主席，党中央的英明领导下，意气风发，斗志昂扬，踏上了向科学技术大进军的征途。几百路，几千路纵队的专业科技队伍犹如万马奔腾，驰骋在通向四个现代化的大道上。我们眼科工作者也群情振奋，争先恐后，决心和全国人民一道，为落实新时期的总任务，把我们祖国建设成为繁荣富强的现代化社会主义国家贡献自己的力量。就在这样的大好形势下，中华眼科杂志复刊了。

中华眼科杂志的复刊，是全国眼科工作者多年的共同愿望和迫切要求。我国幅员辽阔，从事眼科工作的人员多分散各地，很难经常聚会讨论。而现代科学技术发展迅速，日新月异，各基础学科与临床间，以及各学科间互相渗透，以及新技术不断出现并应用于临床，因此必须有全国性刊物沟通情况，了解动态，以期步调一致，共同前进。过去中华眼科杂志在反映我国眼科科研成果、交流工作经验、推动学科发展等各方面曾起到积极作用。但由于刘少奇、林彪、特别是"四人帮"的干扰破坏，使中华眼科杂志长期停刊。英明领袖华主席党中央一举粉碎"四人帮"，扫除了我们前进中的最大障碍。继农业学大寨，工业学大庆的全国会议之后，又胜利地召开了党的十一大、五届人大和全国科学大会。最近卫生部又召开了全国医药卫生科学大会。科学技术工作受到全党和全国人民极大的重视。当前一个向科学技术现代化进军的热潮正在全国迅猛兴起，在我们面前展现了灿烂的前景。

中华眼科杂志的任务，不仅在于反映并推动我国眼科专业的发展，而且在于宣传我们党关于卫生工作的各项方针政策，使之在眼科领域内得以贯彻，并号召全国眼科工作者，在党的革命卫生路线指引下，为完成新时期的总任务而奋斗。

中华眼科杂志是我国眼科界的共同刊物，必须靠大家来办，而不能只靠少数人关起门来办。要在普及的基础上提高，在提高的指导下普及。它既要报道眼科常见病，多发病的防治经验，也要介绍有关的基础科研工作，提倡理论和实践相结合的学风。在学术领域内要坚决贯彻"百花齐放，百家争鸣"的方针，鼓励不同的学术观点自由讨论。在学术问题上要坚持老老实实的工作作风和严肃、严密、严格的科学态度，提倡实事求是，反对浮夸。要介绍外国的先进技术和新理论，以适应我国眼科发展的需要，同时更要珍视祖国的医学遗产，并用科学的方法加以整理提高，加速实现中西医结合创建我国统一的新眼科学。

解放29年来，我国眼科工作者在毛主席的革命路线指引下，做出了很大成绩：技术队伍增长几十倍；白内障、青光眼的手术治疗，不仅在县级医院多已开展，而且一些公社医院也能够做；在防盲治盲，医疗技术的提高，以及新仪器、新药物的研制等方面，也都取得了可喜的成就。就是在"四人帮"横行的年月里，不少眼科工作者顶住了邪风恶浪，兢兢业业，刻苦钻研，在为工农兵服务的实践中，不断总结经验而有所前进。现在乌云已经驱散，在华主席为首的党中央亲切关怀下，我国的社会主义科技事业正进入一个兴旺发达的新阶段，我们眼科专业领域也是一片欣欣向荣的景象，中华眼科杂志必将成为捷报频传的园地。

我们相信，在党的正确领导下，在全国眼科工作者的关心和爱护下，中华眼科杂志一定能够办好。欢迎同志们积极投稿，并随时提出批评和建议，使本刊能为促进我国眼科事业发挥积极作用，从而为实现四个现代化的伟大任务贡献力量。

中华眼科杂志编辑委员会

张晓楼教授作为总编辑为《中华眼科杂志》撰写的复刊词（1978年）

中华眼科杂志编辑委员会成员名单*

（按姓名笔画为序）

总编辑　张晓楼

副总编辑　毛文书　刘家琦　周诚浒　胡　铮　郭秉宽

编辑委员

马世英　马镇西　尹素云　左克明　朱兆和　刘春城　安作栻

许吉生　孙世维　孙信孚　孙桂毓　李子良　李凤鸣　李　辰

劳远琇　杜念祖　杨　钧　吴燮灿　吴振中　沈　潜　宋　琛

张효贞　张效房　张　巽　张淑娥　陆道炎　陈彼得　陈　辉

范雪定　赵东生　袁佳琴　唐由之　黄叔仁　曹福康　梁树今

景崇德　董世范　赫雨时　蔡用舒　谭仁昌　潘作新　潘锦荣

* 个别地方编委名单待补

《中华眼科杂志》复刊时的编辑委员会成员

1982年，全国眼科教材编委第一次会议（前排左三为张晓楼）

1982年，张晓楼教授与部分眼科研究所员工合影（右一为李荣德，右三为张晓楼，右五为张敬娥，左一为金秀英）

1960年春，张晓楼教授与来访的上海教授合影（后排左一为张晓楼，左二为傅守静，左四为赵东生，右一为罗宗贤）

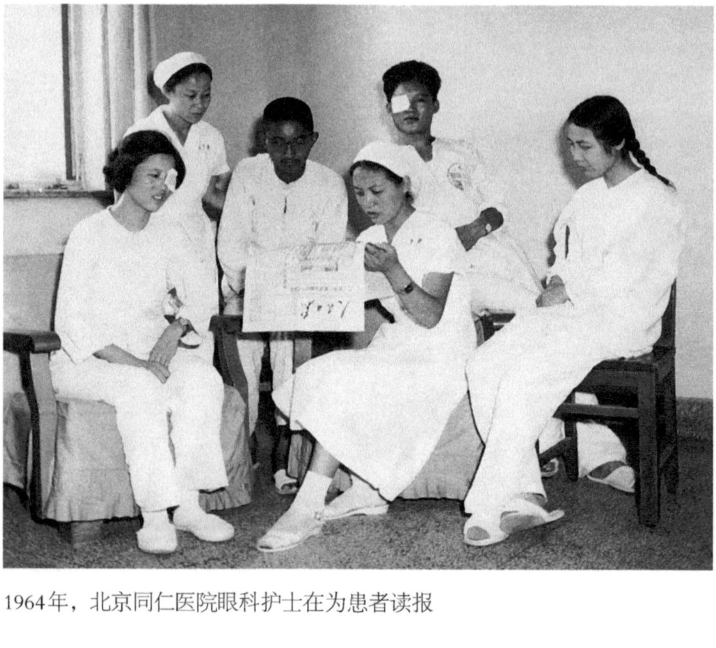

1964年，北京同仁医院眼科护士在为患者读报

〔第六章〕

潜心研究沙眼病原、发病机制及其防治

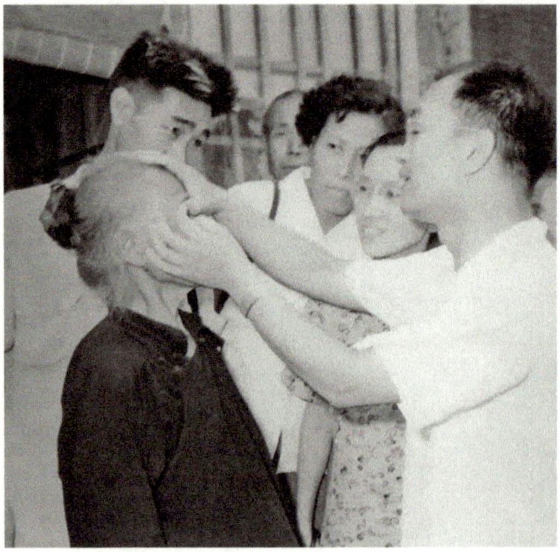

张晓楼（右一）、金秀英（右二）等人带领北京同仁医院眼科工作人员下乡检查沙眼病情

20世纪50年代，新中国成立后，国家经过一段时间的恢复，鼠疫、霍乱、天花等烈性传染病已经得到控制，防疫工作的重点转向多发的、常见的传染病。当时沙眼的流行十分猖獗。据世界卫生组织估计，当时世界有六分之一以上的人群患有沙眼。在发病率高的地区，因沙眼而失明的人数超过1%，视力受到严重损害的超过10%。当时中国国内的调查显示，全国人口的沙眼患病率为55%，城市人口的沙眼患病率为30%，而农村边远地区的患病率则高达80%～90%，因此，国人有“十人九沙”之说。同时，致盲病因的调查表明，沙眼致盲居全国首位。当时在北京同仁医院，张晓楼所接诊的病人中，有三分之一的患者是重症沙眼。

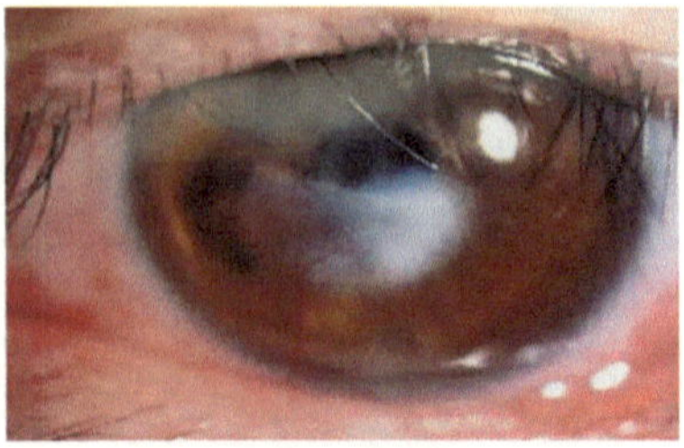

沙眼并发症：眼睑内翻、倒睫、角膜混浊、血管翳

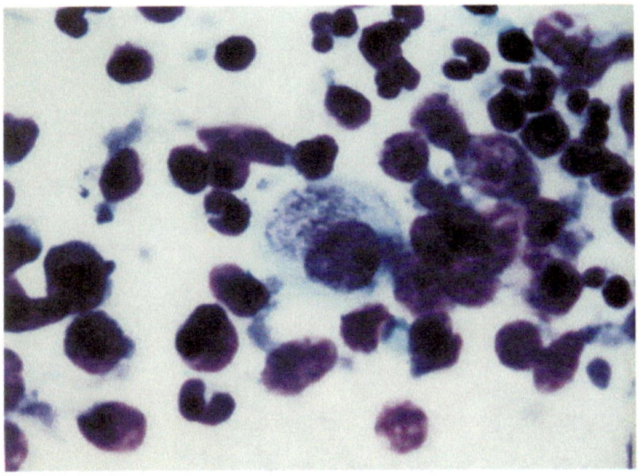

结膜上皮细胞内沙眼包涵体
（结膜刮片，×1000）

沙眼，是一种在世界范围内广泛传播的古老疾病。公元前1500年，埃及的草纸书上就记载了这一疾病。我国秦朝也有记载。19世纪末，国外已有学者认识到沙眼这种疾病可以传染，危害视力。

自微生物学开创之初，沙眼的病因即受到重视。显微镜问世后，更是微生物学发展的黄金时代。但国际上对沙眼病因研究的学说众说纷纭，皆未被明确证实，曾被称为“眼科暗区”。沙眼的研究工作，不仅是中国的难题，也是世界的难题。

国际上关于沙眼病原的研究从未停止过，也是眼科致病微生物研究的热点问题。科赫（Robert Koch，1843—1910；德国微生物学创始人之一，伤寒杆菌、炭疽杆菌、结核杆菌、霍乱弧菌的发现者，曾获1905年诺贝尔生理学或医学奖）于1883年从沙眼病灶中分离出一种杆菌（称“Koch杆菌”），提出沙眼病因的“细菌病原说”。20世纪20年代，查尔斯·尼柯尔（Charles Jules Henri Nicolle，1866—1936；法国细菌学家，曾获1928年诺贝尔生理学或医学奖）发现将沙眼材料通过除菌滤器后仍有传染性，提出沙眼“病毒病原说”；然而包括他本人在内的一些学者，都未能从实验室真正分离出“沙眼病毒”。此外还有“原虫”“鹦鹉热”等学说，但都未得到证实。

1928年，日本学者野口英世（1876—1928；日本细菌学家、生物学家）发表学术论文，称从沙眼标本里分离出了“颗粒杆菌”，并称其为病原菌，

中国著名微生物学家汤飞凡教授

重提了科赫的“细菌病原说”。一时间，野口的沙眼细菌学说传遍世界。

为了探讨沙眼病原，我国著名微生物学家、第一代病毒学家汤飞凡（1897—1958）教授同样关注到沙眼疾病对人类的危害，并开始了对沙眼病因的研究。

1930年，时任中央大学医学院（上海医学院前身）细菌学副教授的汤飞凡曾与眼科周诚浒（1896—1978）教授合作，对179例沙眼患者进行了数百次细菌分离，其结果并未能证实野口的“细菌病原说”。1933年，汤飞凡教授将美国保存的野口英世分离的“颗粒杆菌”接种进包括他自己在内的12名志愿者眼睛里，未能导致沙眼，从而否定了“颗粒杆菌”致病的“细菌病原说”。不幸的是，不久淞沪会战爆发，汤飞凡对沙眼病因的研究不得已而中断。

新中国成立后，百废待兴，各项工作都如火如荼地进行着。1954年，时任卫生部生物制品研究所所长的汤飞凡教授计划重启沙眼病因研究。汤飞凡找到当时任同仁医院眼科主任的张晓楼，提出合作研究沙眼病原体的建议，而这也正是张晓楼多年来的愿望。两人不谋而合。张晓楼愉快地答应了，并向医院汇报。经北京市同仁医院党委同意，生物制品研究所与北京市

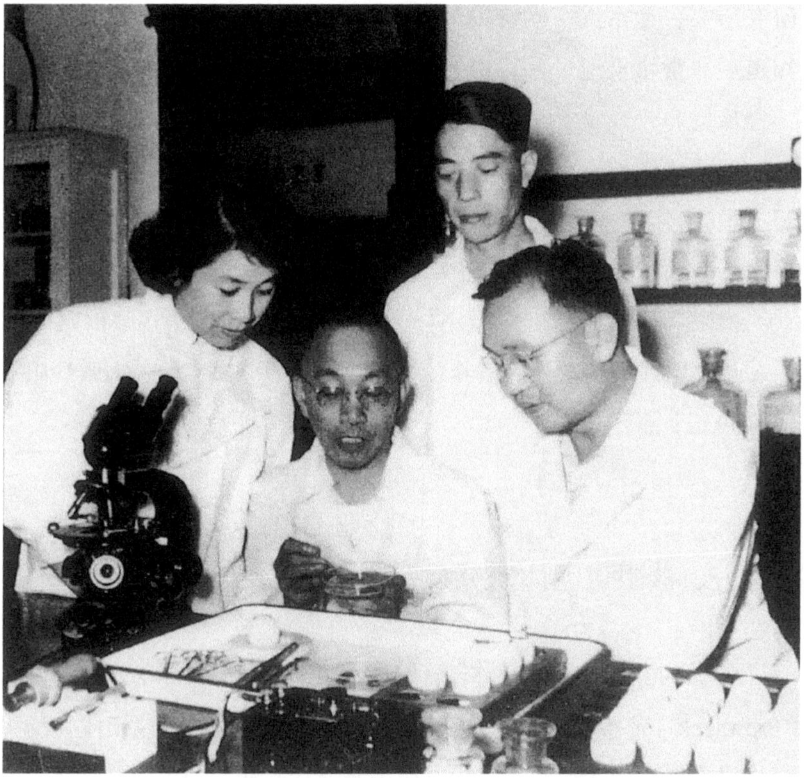

1955年，汤飞凡（左二，时任北京生物制品研究所所长）和张晓楼（右一，时任北京同仁医院眼科主任）等人共同进行沙眼衣原体分离实验（左一为北京生物制品研究所技术员李一飞，右二为北京生物制品研究所技术员黄元桐）

同仁医院合作开展研究、探讨沙眼病因的项目。

汤飞凡是我国卓越的微生物学家，张晓楼则是一位杰出的临床眼科专家。双方的合作体现了基础与临床的密切结合，唯其如此，才取得了后来成功地分离出沙眼衣原体这一举世瞩目的成就。

他们心系人类疾苦，基于科学思维，应用专业知识和技能锐意探索，历经百余人协力，反复多次实验，解决了一系列难题。

参与当年沙眼病原体合作研究的北京市眼科研究所“沙眼研究小组”的金秀英教授回忆，当年做沙眼研究时，有一次她乘车带标本到生物制品研究所去，途中汽车颠簸得厉害，标本盒中有一张玻璃片破碎了。汤飞凡知道后非常可惜地说，每份标本都是非常重要的研究资料，要看得和生命一样珍贵。

就是这样一组具有严格、严肃、严谨、严密（时誉“四严”）品格的科研人员，经过探索、失败、思考、总结、再探讨，不断迸发出智慧的火花，付出了辛勤的劳动，才取得了卓越的成就。

沙眼病原的研究工作循序分为沙眼包涵体研究、猴眼沙眼病原感染实验、小白鼠沙眼病原分离培养、鸡胚沙眼病原分离实验、人眼沙眼病原感染实验共五个部分。

一、沙眼包涵体研究

鉴于1907年捷克科学家赫博斯-泰德勒（Halbers-taedter）和鲍威艾克（Prowazek）曾报告在爪哇沙眼病人结膜囊中发现沙眼包涵体，汤飞凡、张晓楼将采集典型活动期沙眼标本作为研究沙眼病原的关键一步。

北京同仁医院眼科门诊把每一例重症沙眼患者都转给张晓楼。张晓楼认真检查，严格筛选、收集具有活动性、无并发症且未经过任何治疗的典型沙眼病例（相当于MacCallan Ⅱ期）。汤飞凡带领助手，每周到同仁医院与张晓楼会同采集沙眼结膜标本，带回生物制品研究所实验室进行实验；张晓楼则定期去生物制品研究所与汤飞凡共同研究、讨论实验进展。

汤飞凡、张晓楼与整个课题组的研究人员从201例典型活动期沙眼患者中采集结膜刮片，进行光学显微镜检查。经过反复摸索，选择适宜的染色方法后，他们在沙眼结膜刮片的上皮细胞胞质内发现了沙眼包涵体，检出率为23.8%。对包涵体的形态分析证实了包涵体是沙眼病原体的增殖集落。值得注意的是，找到包涵体可确诊为沙眼，但没找到包涵体并不能排除沙眼。

二、猴眼沙眼病原感染实验——建立动物模型

课题组以恒河猴为实验动物。张晓楼和研究组的医生们一起在生物制品研究所用恒河猴建立了沙眼动物模型。他们将摩擦标本压挤物接种到8只恒河猴的结膜囊后，其中3只猴的接种眼发病，结膜出现滤泡和炎症；病程中，部分恒河猴的未接种眼也相继出现感染病变，患病率为37.5%。自猴病眼结膜刮片的上皮细胞胞质内，检出了和人结膜上皮细胞内相同的包涵体，证实了包涵体的传染性。

三、小白鼠沙眼病原分离培养

病原研究的中心工作是分离培养出病原体。

1951年，日本学者荒川报道通过小白鼠脑内注射分离出“沙眼病毒”。课题组重复了荒川的实验，将沙眼结膜材料接种到小白鼠脑内，试行病毒分离并盲传了3代，结果为阴性。改用幼鼠、乳鼠或加额外刺激等方法分别进行实验，盲传2～8代，共用小鼠2500只，均未分离出病毒，从而否定了荒川通过小白鼠脑内注射分离出病毒的报道。

四、鸡胚沙眼病原分离实验

汤飞凡教授认为：生物学分类上接近的微生物常存在某些共性。沙眼包涵体中病原体的形态和立克次体相似，有可能在鸡胚卵黄囊内生长。课题组商讨后决定试用鸡胚分离沙眼病原体。

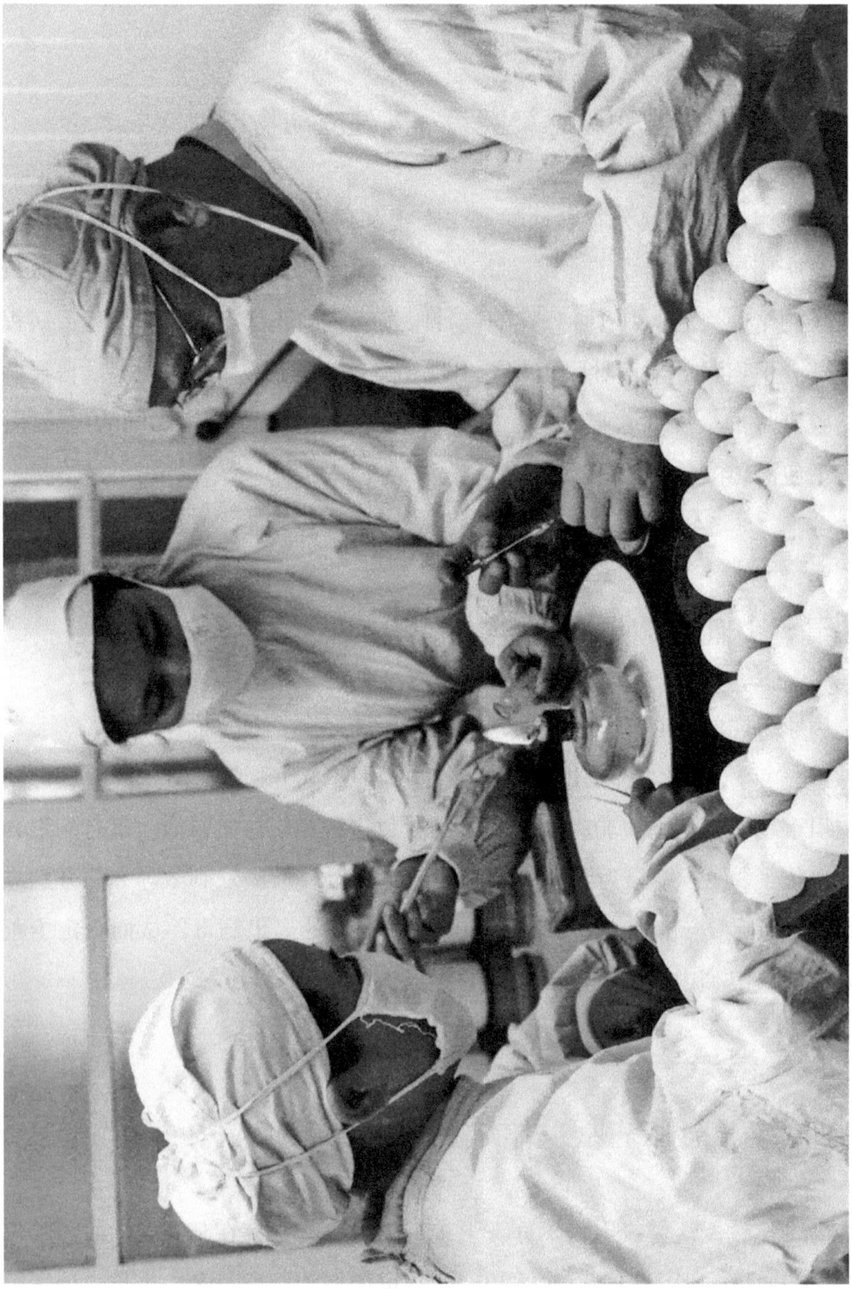

张晓楼教授在进行沙眼衣原体鸡胚分离实验（右一为张晓楼）

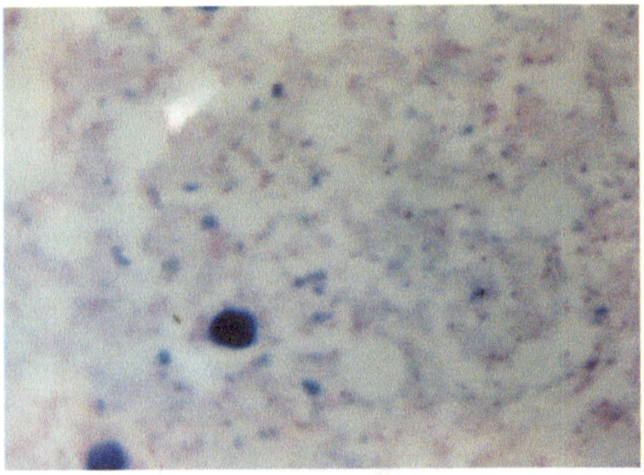

鸡胚卵黄囊涂片显示
“沙眼病毒”（×1000）

眼表经常暴露于外环境中，结膜囊存在正常菌群，沙眼患者的结膜囊内杂菌更多。取自结膜囊的标本接种于鸡胚卵黄囊后细菌繁殖，常致鸡胚染菌死亡。故而首先需要找出控制结膜标本中细菌污染的方法。

课题组试验了多种临床及实验室使用的抗感染药物、化学制剂等，经过了相当长的时间来探索标本预处理方法，以控制细菌滋生而保护沙眼病原体活性。

历经无数次试验和不断总结，汤飞凡和张晓楼课题组采用研究立克次体鸡胚卵黄囊接种途径，筛选使用链霉素处理标本以控制细菌污染，连续鸡胚卵黄囊内盲目传代。

1955年，在第八次实验中，鸡胚出现规律性死亡，卵黄囊膜切片、涂片均发现颗粒状病原体及包涵体。他们终于分离出了世界上第一株沙眼病原体。首次被分离的沙眼病原体被汤飞凡等命名为TE8株“沙眼病毒”。T表示沙眼，E表示鸡胚，8表示第八次试验。次年分出TE55。《沙眼病原研究接种鸡胚分离病毒》论文1956年发表于《微生物学报》，1957年发表于《中华医学杂志（英文版）》。

此后，206份标本中先后进行了68次分离试验，获11株“沙眼病毒”。已分离的6株“沙眼病毒”卵黄囊悬液分别接种于猴眼，全部典型发病，也检出沙眼包涵体。

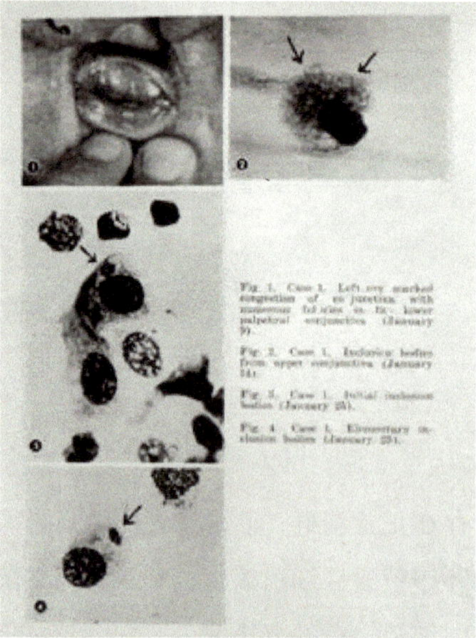

1958年，汤飞凡教授左眼的沙眼病毒感染试验

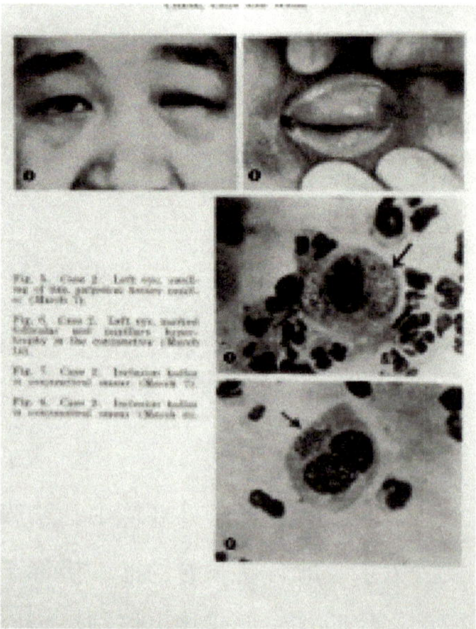

1958年，张晓楼教授左眼的沙眼病毒感染试验

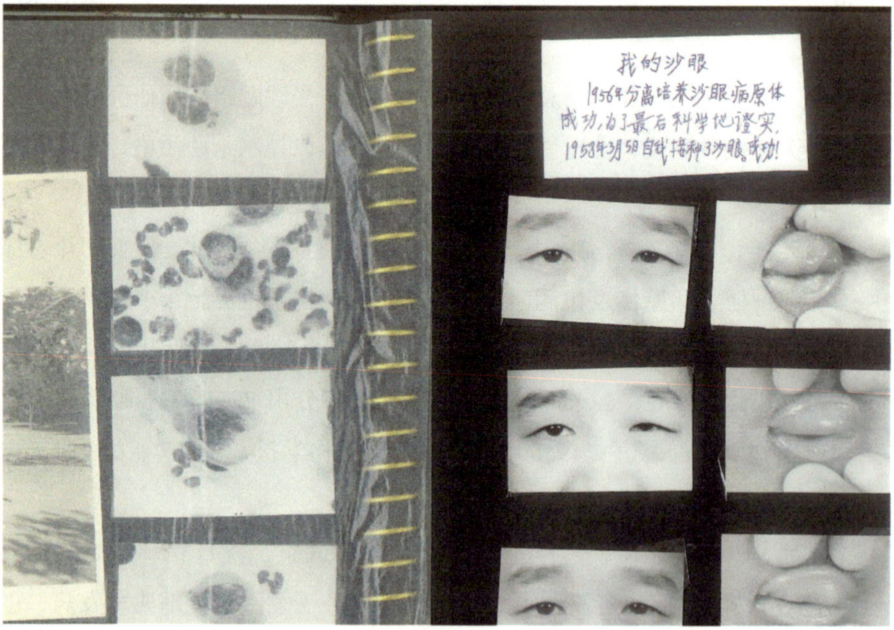

1958年，张晓楼教授左眼接种沙眼病原体感染的试验记录

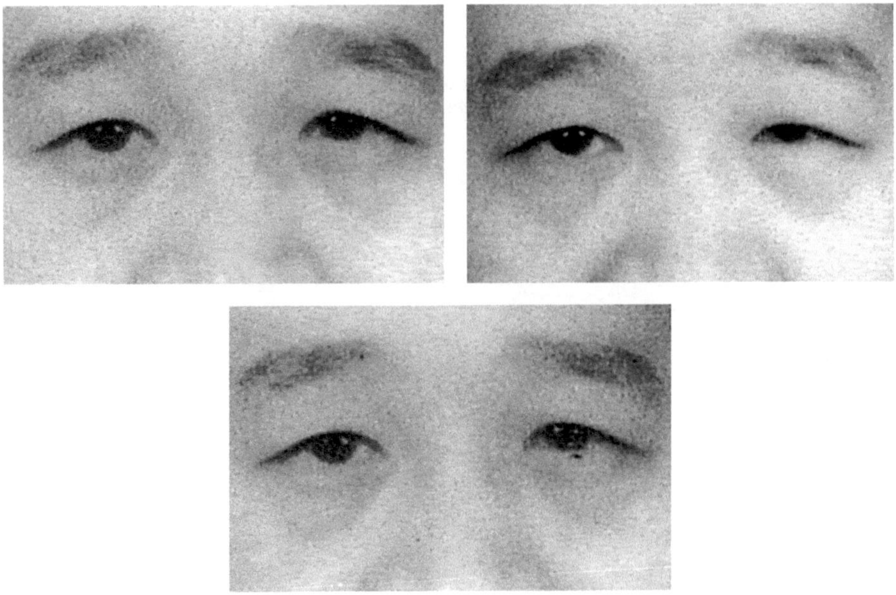

1958年，张晓楼接种沙眼病原体后的外眼像

五、人眼沙眼病原感染实验

确认一种微生物是某种疾病的致病病原体，科赫定律要求：第一，要能从相应的病例中分离出这种微生物；第二，要能在体外传代培养出这种微生物；第三，所分离出的微生物要能在健康宿主中引起典型病变和症状；第四，能从接种病者再分离出这种微生物。

科学需要献身精神，汤飞凡和张晓楼作为志愿者，用自己的眼睛做了人眼感染实验。

1958年，时为“沙眼研究小组”成员之一的金秀英分别将TJ16株沙眼病毒卵黄囊膜悬液（北京同仁医院“沙眼研究小组”于1957年10月分离出的“病毒”，经鸡胚传9代，－30℃保存10周）接种于汤飞凡的左眼结膜囊，

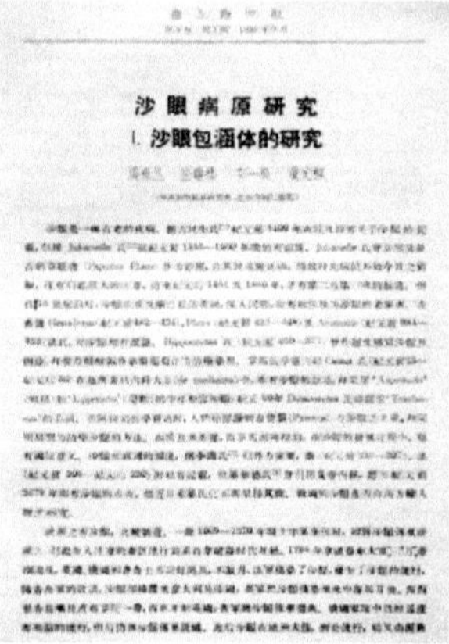
沙眼病原研究

I. 沙眼包涵体的研究

A

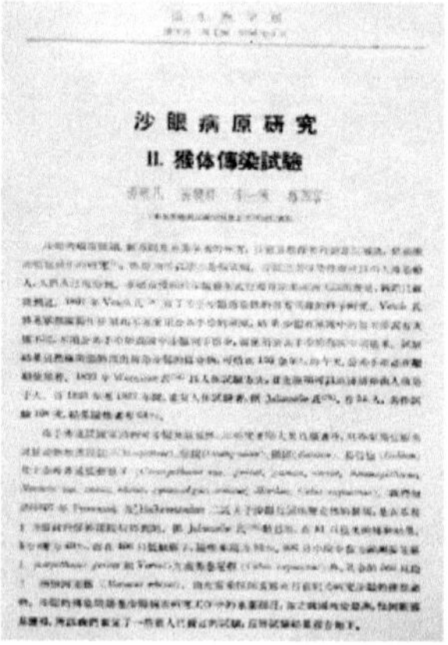
沙眼病原研究

II. 猴体傳染試驗

B

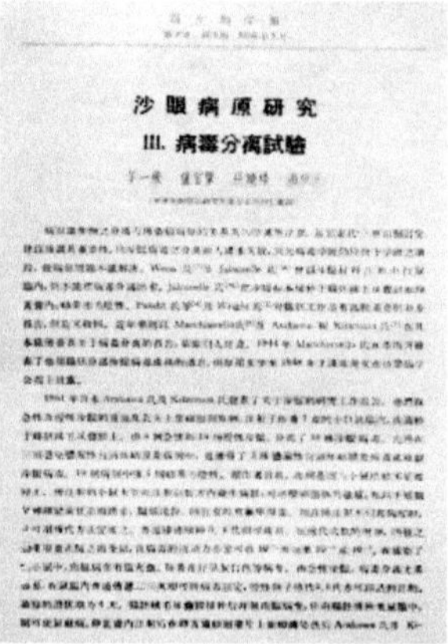
沙眼病原研究

III. 病毒分離試驗

C

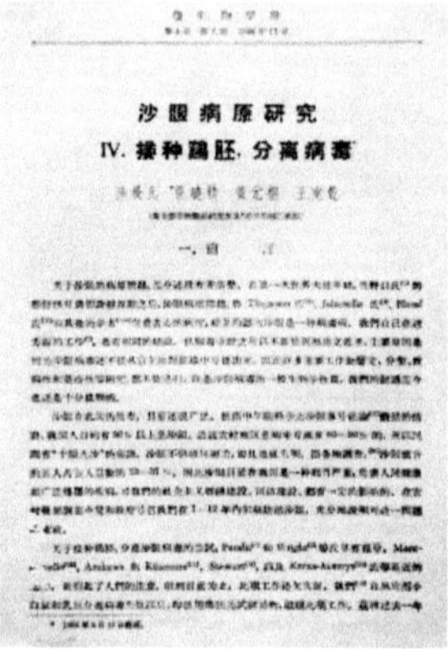
沙眼病原研究

IV. 接種鷄胚. 分離病毒

D

中华医学杂志外文版

CHINESE MEDICAL JOURNAL

JUNE 1957

STUDIES ON THE ETIOLOGY OF TRACHOMA WITH SPECIAL REFERENCE TO ISOLATION OF THE VIRUS IN CHICK EMBRYO

TANG FEI-FAN, CHANG HSIAO-LOU, HUANG YUAN-TUNG, AND WANG KO-CH'IEN

E

EXPERIMENTAL TRACHOMA IN HUMAN VOLUNTEERS PRODUCED BY CULTURED VIRUS

F

1956年，汤飞凡、张晓楼在《微生物学报》《中华医学杂志（英文版）》[曾名《中华医学杂志（外文版）》] 上发表的沙眼病原研究论文

将TE106株沙眼病毒卵黄囊膜悬液（生物制品研究所实验室于1956年9月分离出的病毒，经鸡胚传19代后，－50℃保存18个月）接种于张晓楼的左眼结膜囊内。

接种后，助手每天对汤飞凡、张晓楼进行眼部检查，记录发病情况、自觉症状及眼部检查所见。两人的接种眼都在接种后的24小时内急性发病，表现为急性滤泡性结膜炎、角膜浅层点状浸润，伴患侧耳前淋巴结肿大。

两位科学家在急性炎症的病程中，患眼高度红肿充血、疼痛、流泪，但他们仍忍受痛苦，每天让助手观察记录病情，重复多次地从病眼结膜上取材，刮取上皮细胞涂片和分离“病毒”，进行实验室检查，结果证实为沙眼。

前后自汤飞凡病眼结膜刮片取材查包涵体5次，4次结果为阳性；取材分离“病毒”9次，2次结果为阳性。自张晓楼病眼结膜刮片取材查包涵体13次，8次为阳性；取材分离“病毒”8次，4次结果为阳性。多次检查沙眼包涵体，多次分离培养出“沙眼病毒”。他们忍受着“实验性沙眼病”病程，汤飞凡坚持了23天，张晓楼坚持了41天才开始治疗。临床症状表现和实验室检查结果确凿地证实分离的“沙眼病毒”（后命名为沙眼衣原体）为沙眼病因。

张晓楼说：“这是我想要的，它引起的是典型沙眼，说明这是沙眼的病原体。”

为了科学，两位科学家忍受了从眼部接种病毒毒株至发病后反复取材培养检验。尤其是张晓楼，整整过去了41天，失去了治疗沙眼的最佳时机。沙眼疾病的损害和多次取材造成他的病眼结膜留下了终身难以消除的沙眼结膜瘢痕。

沙眼病原体这个眼科界长期以来悬而未决的难题，终于被新中国的科学家攻克了！这一重大科研成果是微生物学史上的一个巨大发现。消息传出，立即在国际眼科界引起轰动。中国人在探索沙眼病因的道路上做出的卓越贡献，得到国外学者的重复验证和公认。沙眼衣原体的分离成功把沙眼病研究推向高潮。汤飞凡和张晓楼也因此而受到世界科学界的瞩目。

1957年，《中华医学杂志（英文版）》用英文发表了分离出沙眼病原体实验的文章，震惊了微生物学界和当时的国际眼科学界。当英国李斯特研究所的医学代表团来华访问并索取分离的“沙眼病毒”株时，汤飞凡送给英国学者斯邦纳（Spooner）冻干保存的两株“沙眼病毒”。李斯特研究所主任、病毒学家库勒（Collier）博士将其接种鸡胚后复活了这两株“病毒”，并按照中国研究报道的分离培养方法在西非国家冈比亚分离出一株病原体，并命名为G1株“沙眼病毒”。

此后，美国、沙特阿拉伯、以色列等多个国家相继分离出“沙眼病毒”。从此由中国首次分离出的TE55株“病毒毒种”被送到世界各国用于沙眼病原研究，TE55株被称为“汤氏病毒”，成为沙眼病原体的标准株。其后，沙特阿拉伯、美国、以色列、埃及、澳大利亚、苏联、南斯拉夫、葡萄牙、日本……相继在当地分离出“沙眼病毒”。

“沙眼病毒”的分离成功，被美国列为1957年“世界科学十大贡献之一”。1958年，Jones（琼斯）从性病患者的子宫颈也分离出“沙眼病毒”。1963年世界卫生组织完全同意并肯定了中国的研究成果，国际沙眼防治协会主席Bietti（布莱特）对中国“沙眼病毒”分离工作给予了很高评价。基于后续研究，1973年世界卫生组织专家委员会将“沙眼病毒”定名为沙眼衣原体，在微生物学分类中增设沙眼衣原体目，从而填补了微生物学的一项空白。

沙眼衣原体是迄今为止唯一由中国人成功分离的重要病原体。中国科学家为医学的发展做出了卓越的贡献，为人类防治沙眼和衣原体病奠定了基础。

明确病因是防治传染病的基础。沙眼衣原体的发现，开启了衣原体学，启动并激发了人、禽、畜衣原体病研究的高潮。除眼科外，衣原体病还广泛涉及内科、儿科、妇产科、耳鼻咽喉科等。特别地，这一重大发现奠定了生殖、泌尿科衣原体病的研究基础。

非常痛惜的是，1958年秋，完成志愿人体感染实验几个月后，我国微生物学家，第一代病毒学开创者、生物制品免疫学宗师汤飞凡教授含冤而死。

这是一个中国和世界科学界无法弥补的巨大损失。

汤飞凡教授的逝去，令张晓楼感到非常痛心，无限惋惜。他说“国家失去了一个人才”，他常常回忆起和汤飞凡的交往、两人共同探讨如何进行试验、一起工作的情景……不久，与生物制品研究所的合作课题被迫中断。北京同仁医院、北京市眼科研究所的大量珍贵的生物资料，包括科学家们辛苦分离、冻存的宝贵的沙眼毒株均被破坏丢弃。

汤飞凡和张晓楼用自己眼睛所做的“沙眼病毒”人体感染的学术论文，1960年投在《中华医学杂志（英文版）》时，被要求必须删除汤飞凡的署名，而以其单位的某某替代。

汤飞凡、张晓楼两位志同道合、坚韧不拔、一生只知向科学顶峰攀登的科学家，合作得是如此和谐、如此默契。他们既是亲密的合作伙伴，也是有着共同志趣的知交好友。但是，他们在各自的生前、逝后都遭受到不实的诽诮和屈辱……1979年，卫生部为汤飞凡平反昭雪。1987年，中国微生物学会、中华医学会等组织召开了纪念汤飞凡诞辰90周年的大会，但他的不幸离世，终究是一大憾事。

带着对汤飞凡的深深怀念，张晓楼决定继续他们未竟的事业。他说，只要一息尚存，对眼病的治疗研究就一刻也不会停止。1960年，张晓楼数次去生物制品研究所联系交涉，促成了北京市眼科研究所再次和生物制品研究所的合作，研究沙眼相关课题。在北京市眼科研究所张晓楼的主持领导下，生物制品研究所先后派遣王克乾、薛秀卿和眼科研究所的研究人员进行了沙眼衣原体细胞培养及适应传代、衣原体生活周期观察，衣原体实验动物感染范围、沙眼衣原体电子显微镜超微结构观察。医院与病毒所合作，进行沙眼疫苗猴体免疫实验、猴沙眼重复感染实验、衣原体毒素及毒素分型。与河北医科大学电镜室合作，进行沙眼结膜电子显微镜观察；筛查抗衣原体中、西药物，研制利福平滴眼液等，探讨沙眼发病机制、早期诊断和防治。

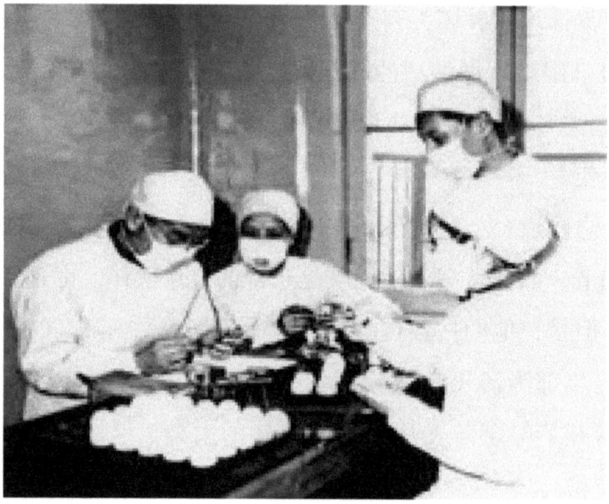

张晓楼（左一）等进行筛选抗沙眼衣原体药物实验

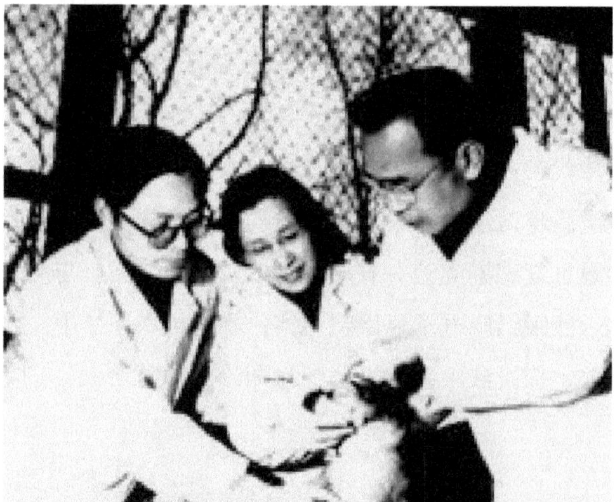

1963年，张晓楼（右一）、金秀英（右二）等进行猴体沙眼感染免疫学实验

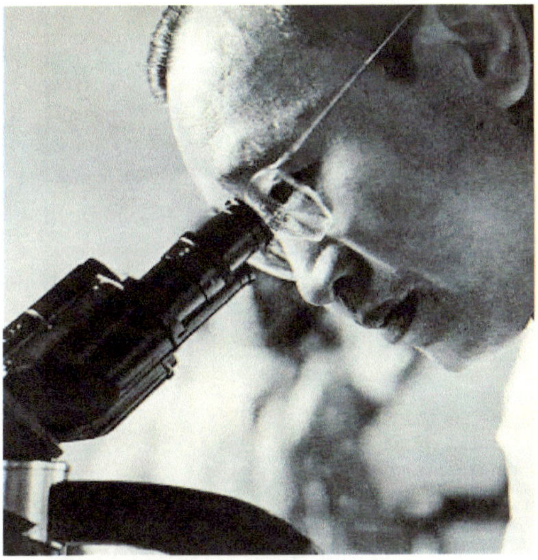

张晓楼教授在做实验

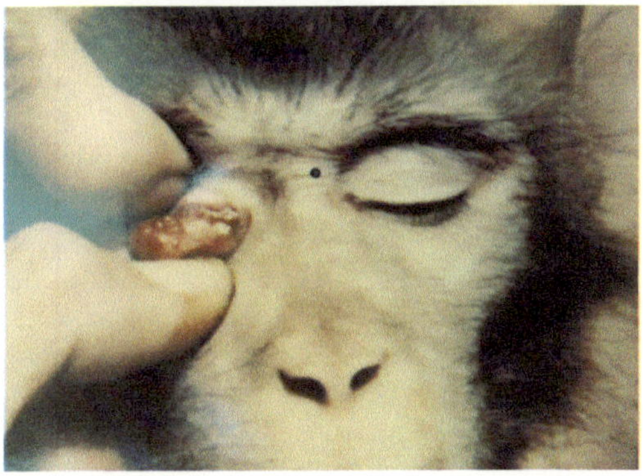

实验性猴沙眼

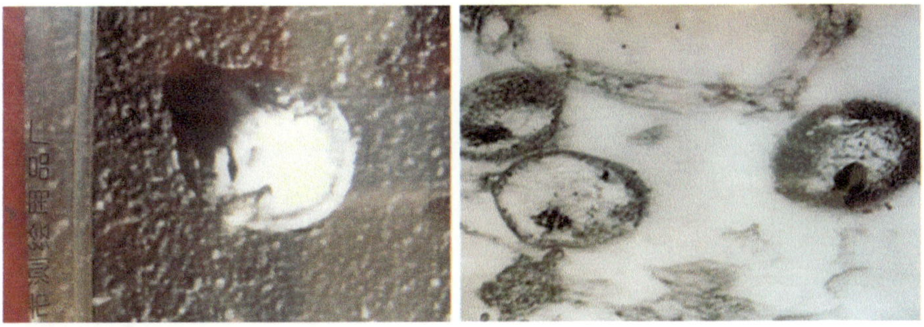

沙眼衣原体电镜观察

〔第七章〕

沙眼的防治

1965年，张晓楼等到农村进行沙眼的筛查防治

凭着多年积累的诊疗经验，张晓楼认为沙眼主要是在家庭集体生活中直接或间接地传播。为了验证这个传播途径，1957年，张晓楼在北京同仁医院眼科建立了“沙眼研究小组”。初建实验室，从预防沙眼传播的措施着手，实验检测了理化因素、清洁剂等对沙眼衣原体的作用，提出分开使用毛巾、脸盆等生活日用器皿能简易可行地杜绝传播，提出了医务人员在检治沙眼患者后避免医源感染、交叉感染的消毒方法。

在张晓楼和其他专家的倡议下，我国在1956年将防治沙眼列入了《农业发展纲要》，沙眼成为纳入国家计划的首要防治眼病。

1958—1960年，在卫生部的领导下，全国性大规模的沙眼普查、普治工作蓬勃开展。北京市卫生局（现北京市卫生健康委员会）参与开展了以北京市眼科研究所、北京同仁医院为中心，张晓楼负责组织、培训，全市各级医院眼科医护人员、厂矿部队医护人员、城乡基层卫生人员、学校卫生教师参加的这场新中国成立以来规模最大的防治沙眼行动。

全民性的防治沙眼行动，张晓楼教授是第一位倡导者及优秀的宣传者，更是实践者的典范。

在全国各地掀起的普查和治疗沙眼的热潮中，张晓楼编写教材、亲自授课，印制、分发宣传资料、挂图等普及防治沙眼的相关知识，并亲自带领北京同仁医院的眼科医疗队深入街道、工矿、军营、小学、幼儿园等地方进行普查、普治、宣传及沙眼流行病的调查等工作。三年经济困难时期，张晓楼经常到北京大兴走乡串户，与村民同吃同住，为农民群众治疗眼疾。当地农民深受感动。当时的媒体信息行业还不像今天这样发达，张晓楼多次抽出时间在广播电台、电视台向群众做宣讲，在报纸、杂志上撰写科普文章宣传防治沙眼的相关知识。当时曾有人批判他上电台是“名利思想作怪”，原卫生部的一位领导鼓励他说：“不要管他们说什么，什么时候消灭了沙眼，你就不用讲了。”

当时北京市7个城区、10个郊县，实查230多万人，沙眼患病率为45.8%，治疗沙眼患者108万人，做到了防治结合，可见对沙眼的普查、普治和爱国卫生宣传教育达到了家喻户晓的深度和广度。

群防群治沙眼的工作极大地降低了我国沙眼的患病率，基本消灭了致盲性沙眼。在党组织的帮助下，张晓楼于1961年7月1日，建党四十周年之际，光荣地加入了中国共产党，圆了他多年的心愿。

1966年，“文化大革命”开始，北京市眼科研究所被迫停止一切工作，正在带领大家深入进行课题研究的张晓楼也被打成“反动学术权威”，靠边站了。他被调至门诊部，晚上回家除了写检查外，依然坚持阅读能获取的国外眼科杂志。

直到1970年，张晓楼才初步恢复了研究工作，开展关于眼外伤、玻璃体积血的课题，随后开始进行筛选中草药治疗眼病的研究。张晓楼等人遍访了北京市的老中医、老药店、老药工，寻找治疗眼病的中草药、古老验

1965年，张晓楼、张淑芳在北京门头沟巡回医疗检查沙眼

1965年，张晓楼在去红星公社巡回医疗的路上

20世纪80年代，张晓楼下乡，询问农村老人眼睛的状况

方等，对100多种中草药、复方中药制剂的敏感性进行了分析研究，研制了止血、活血、化瘀的中药丸剂、片剂；配制了藤菊兰滴眼剂等，开启了北京同仁医院眼科研制、应用中药的先河，使得中西医结合治疗眼疾成为可能；同时实验筛查沙眼衣原体对数十种西药和200多种中草药、复方中药的敏感性。

随着形势的渐渐好转，北京市眼科研究所在1971年初步恢复了工作。1972年，张晓楼从国外的杂志上看到第三次沙眼国际会议的资料，有作者报告沙眼衣原体含有依赖DNA的RNA聚合酶，抗结核药利福平可以阻断该酶的代谢。他立即想到可否将利福平用于治疗沙眼。他首先将利福平和沙眼衣原体进行体外、体内药物敏感试验，在取得可靠数据后，研制出利福平滴眼液，经北京市郊区中学的人群治疗沙眼试验，结果证明利福平治疗沙眼优于四环素及磺胺类药物，并对葡萄球菌有非常好的灭杀作用。北京同仁医院自主研究配制成0.1%的利福平眼药水用于临床，取得了很好的疗效。

张晓楼首先应用利福平治疗眼疾，比国际上早了整整3年。

“文化大革命”结束后，张晓楼带领眼科研究所的同事们，抓住机遇，更加全力以赴地开展新的工作。他们一方面深入研究沙眼的发病机制，进行沙眼致病结膜电子显微镜超微结构观察，在华北沙眼流行地区进行衣原体型

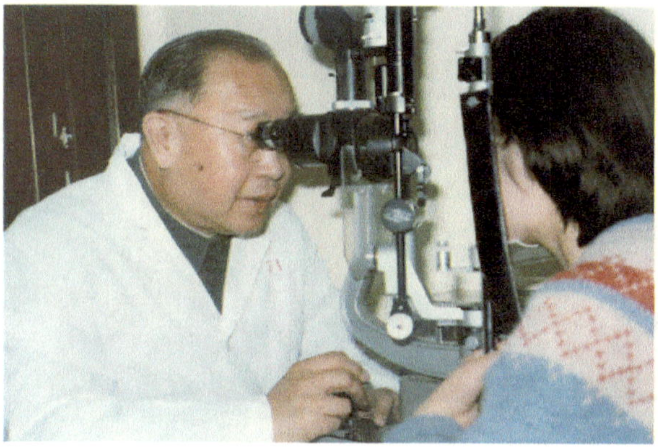

1987年，张晓楼在眼科门诊

别调查，从基础研究、流行病学调查及诊断等诸多方面进行深入探讨；另一方面从生物化学入手，研究沙眼衣原体的超微结构并进行沙眼单克隆试剂的研究。

19世纪初，沙眼在英国广泛流行，英国控制沙眼用了100多年的时间。

20世纪80年代，张晓楼在病房检查患者和带教

20世纪80年代，张晓楼工作照

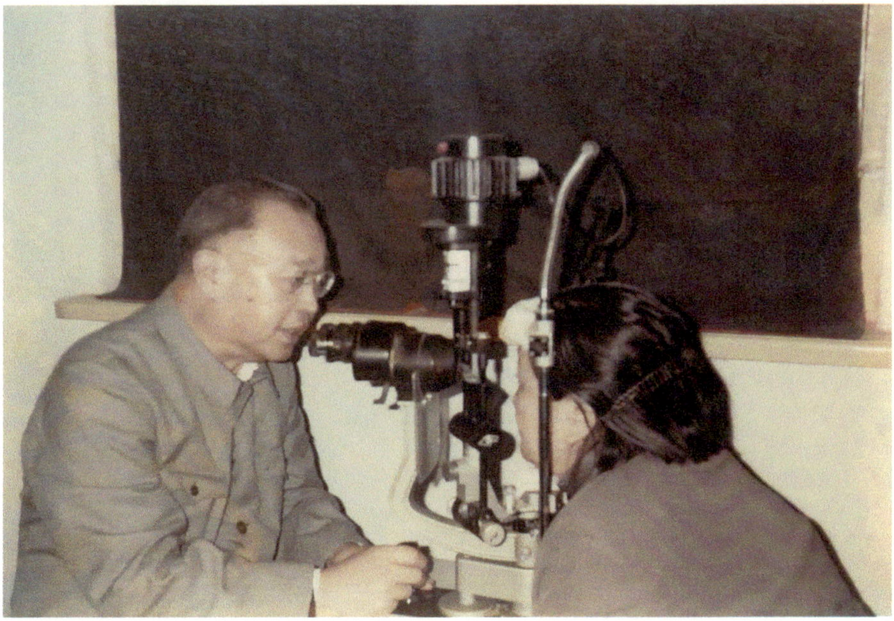

20世纪80年代，张晓楼在病房为患者做检查

张晓楼曾预言："我们到20世纪末，用约50年的时间，就能够消灭沙眼。"

张晓楼带领大家不懈地辛勤工作。实际上，至20世纪80年代初，在新中国成立后短短30年的时间里，大城市的沙眼患病率已降到10%，而且普遍为轻型沙眼，农村的沙眼患者也大幅减少。除个别边远地区外，我国已实现了"基本消灭致盲沙眼"的目标。

[第八章]

率先开展全国防盲治盲工作

张晓楼（左五）等在北京怀柔进行防盲工作

在进行沙眼防治工作的过程中，张晓楼敏锐地意识到流行病学在防盲、治盲中的重要性，而那时我国眼科流行病学研究几乎还是空白。

进入20世纪80年代，随着沙眼患病率的大幅下降，沙眼学组改为防盲学组，时任沙眼学组组长的张晓楼担任防盲学组组长。

张晓楼在北京市眼科研究所内设立了防盲室，培养骨干到国外学习流行病学，开展防盲、治盲工作；同时，在北京同仁医院相继设立了低视力门诊，在卫生部领导下设立了全国防盲指导组。

1980年，张晓楼被任命为世界卫生组织防盲咨询委员会委员。1981年，张晓楼邀请世界卫生组织委派两位教授来我国举办眼科流行病学讲习班，积极推动我国的防盲工作。此时，已是68岁高龄的张晓楼，常年忘我地工作，又患上了心脏病。他不顾年事已高，在此后的两年里，坚持七次去怀柔县（现北京怀柔区）山区，进行眼科流行病学调查。

为掌握全国盲人患病情况，1987年张晓楼组织了全国致盲疾病调查，先后到内蒙古自治区、广西壮族自治区等地举办眼科流行病学学习班，并亲自授课。

20世纪80年代，张晓楼下基层进行眼病筛查

张晓楼陪同外宾下乡做防盲调查

1979年，张晓楼（左二）在世界卫生组织国际防盲工作会议上

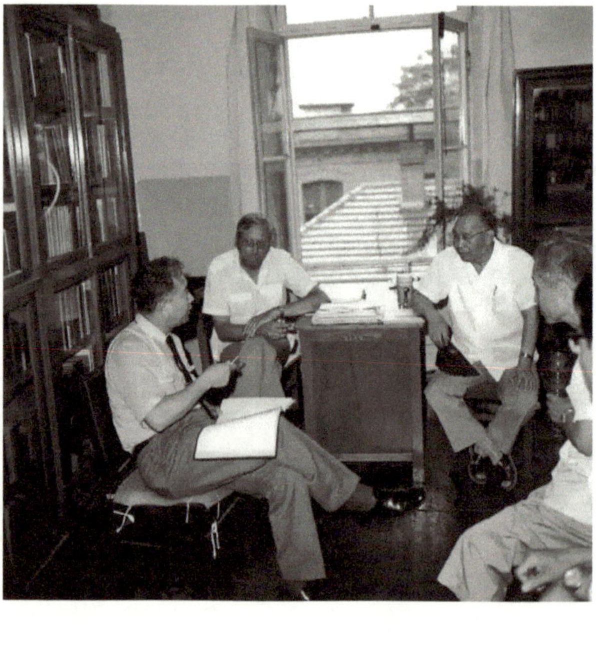

1979年，张晓楼接待来访的世界卫生组织官员

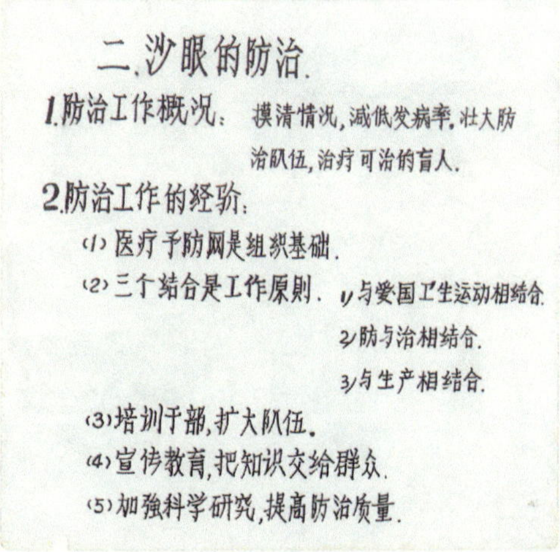
二.沙眼的防治.
1.防治工作概况：摸清情况,減低发病率,壮大防治队伍,治疗可治的盲人.
2.防治工作的经验：
(1)医疗予防网是组织基础.
(2)三个结合是工作原则.
1/与爱国卫生运动相结合.
2/防与治相结合.
3/与生产相结合.
(3)培训干部,扩大队伍.
(4)宣传教育,把知识交给群众.
(5)加強科学研究,提高防治质量.

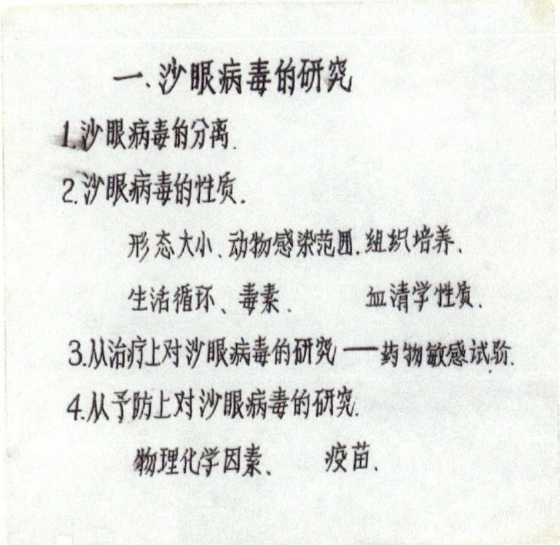
一.沙眼病毒的研究
1.沙眼病毒的分离.
2.沙眼病毒的性质.
形态大小.动物感染范围.组织培养.
生活循环、毒素.
血清学性质.
3.从治疗上对沙眼病毒的研究——药物敏感试验.
4.从予防上对沙眼病毒的研究.
物理化学因素、
疫苗.

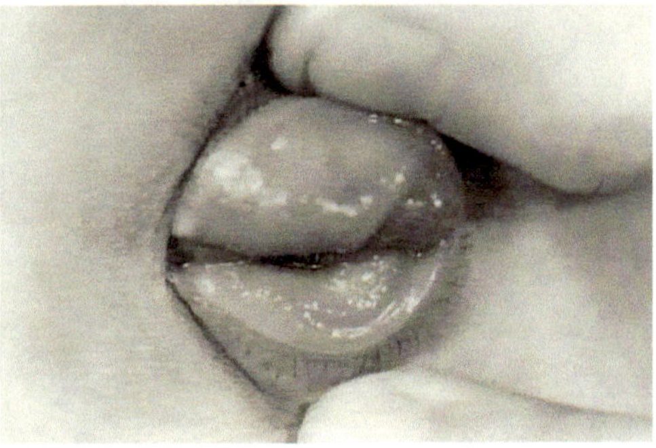

张晓楼沙眼防治研究讲课幻灯

1980年，张晓楼参加
第84届日本眼科年会

1981年，张晓楼（右三）等在眼科流行病学讲习班开学典礼上与外宾合影

1981年，张晓楼组织中国眼科流行病学及统计学讲习班

1987年，张晓楼（左二）出席全国防盲工作经验交流会

20世纪80年代，北京市眼科研究所举办的全国防盲培训班

20世纪80年代，张晓楼（左四）召集全国防盲指导组第三次会议

20世纪80年代，全国防盲指导组第五次会议

20世纪80年代，张晓楼在全国公共卫生眼科讲习班开学典礼上致辞

20世纪80年代，张晓楼出席广东省防盲、治盲、防治沙眼学术会议

通过进行国内眼科流行病学调查，张晓楼等认识到20世纪80年代后我国致盲的首要病因是老年性白内障，当时估计全国有盲人400万，其中有200万是可以手术复明的。

为此，张晓楼多次邀请美国朋友弗雷曼（Freeman）教授来中国传授白内障手术技术，推广白内障超声乳化和人工晶状体植入手术。此项技术的引入，不仅推动了我国白内障超声乳化联合人工晶状体植入手术的开展，大大提高了白内障手术的效率，更令千千万万的盲人恢复了视力，造福于民。

1988年，北京市眼科研究所被世界卫生组织确定为防盲合作中心，张

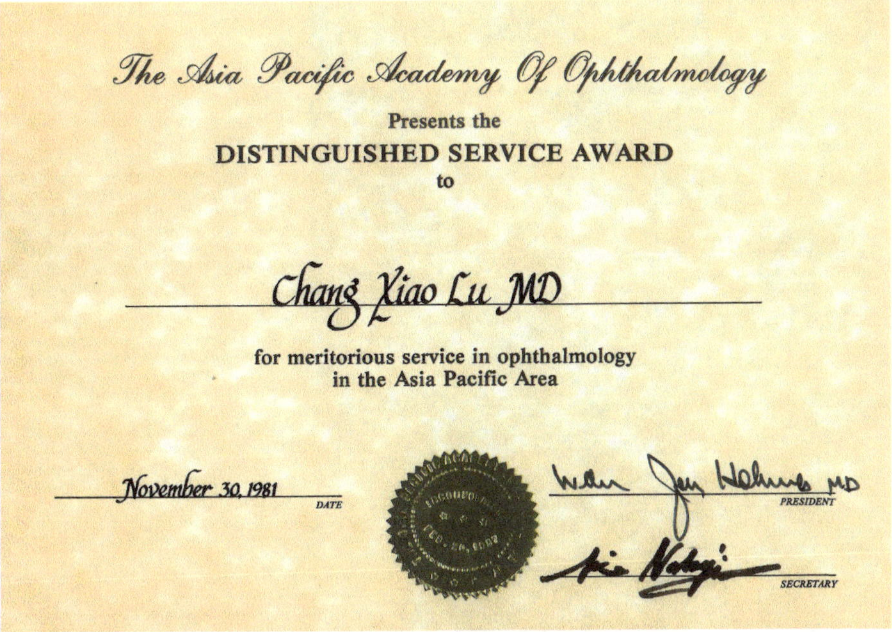

The Asia Pacific Academy Of Ophthalmology

Presents the

DISTINGUISHED SERVICE AWARD

to

Chang Xiao Lu MD

for meritorious service in ophthalmology
in the Asia Pacific Area

November 30, 1981
DATE

PRESIDENT

SECRETARY

1981年11月30日，亚洲太平洋眼科学会授予张晓楼“卓越工作奖”

张晓楼（左二）在国际会议上和外宾合影

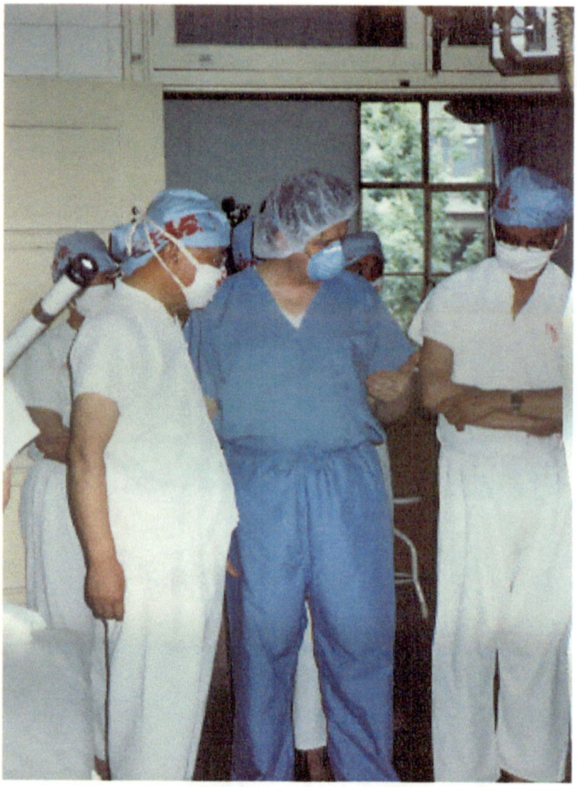

1986年8月，张晓楼（左一）邀请并陪同弗雷曼教授在北京同仁医院示教白内障超声乳化手术

1988年，世界卫生组织在北京市眼科研究所设立防盲合作中心

1982年，张晓楼（左二）在世界卫生组织会议上与国外专家交流

晓楼任中心主任。中心成立后，张晓楼多次举办全国流行病学与低视力学习班，制定全国防盲规划，组织协调全国防盲、治盲工作，开创了我国眼科防盲治盲工作之先河。

鉴于张晓楼在广泛开展防盲和防治沙眼工作中做出的突出贡献，亚洲太平洋眼科学会向他颁发了“卓越工作奖”。1977年，“沙眼防治研究”获北京市医药卫生科技成果奖；1978年，“沙眼防治”获全国医药卫生科技大会奖；1980年，“沙眼发病机理研究”获卫生部乙级科学进步成果奖；1982年，“沙眼研究”获国家自然科学奖二等奖；1982—1983年，“沙眼结膜超微结构观察”获北京市学术成果奖。

1981年5月，为了表彰汤飞凡和张晓楼在沙眼病原体研究中所取得的成果以及张晓楼在沙眼防治工作中的杰出贡献，国际沙眼防治组织

1982年，张晓楼出席日内瓦世界卫生组织咨询小组会议

张晓楼在国际会议上和外宾合影

1986年，张晓楼在国际低视力讲座开幕式上致辞

1986年，张晓楼在国际低视力讲座中授课

1986年，张晓楼在国际低视力讲座闭幕式上做总结讲话

张晓楼与来访
外宾交流

时任北京市眼科研究所所长的张士元（右一）向应张晓楼邀请来访的世界卫生组织总干事中岛宏（左一）先生汇报我国的防盲工作

1981年，国际沙眼防治组织颁发的金质奖章（左为正面，右为背面）

（International Organization Against Trachoma，IOAT）将“国际沙眼金质奖章”授予汤飞凡和张晓楼。因汤飞凡已经过世，张晓楼和王克乾受卫生部派遣前往巴黎领奖。该金质奖章于1982年保存在卫生部至今。

1982年，国家科学技术委员会向汤飞凡、张晓楼等授予国家自然科学二等奖。

为了表彰张晓楼在传染性眼病，特别是沙眼研究方面所取得的成绩，美国视觉与眼科研究协会（Association for Research in Vision and Ophthalmology，ARVO）授予他“荣誉会员”称号。

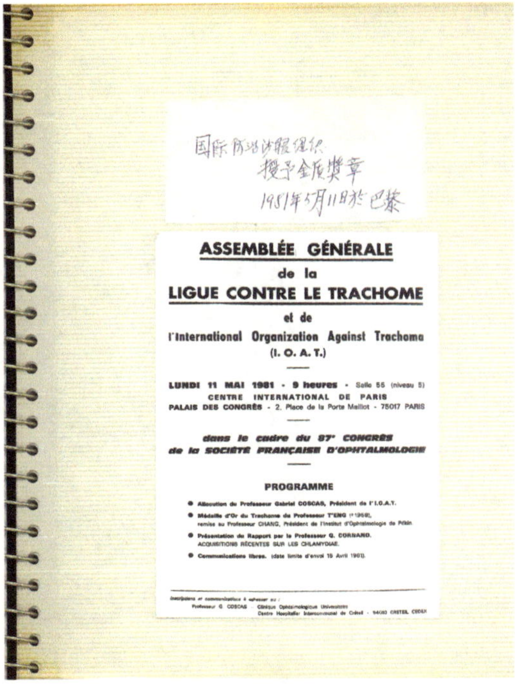

1981年，国际沙眼防治组织授予金质奖章的记录

1982年，汤飞凡、张晓楼获得的国家自然科学二等奖奖章

1984年，美国视觉与眼科研究协会授予张晓楼“荣誉会员”称号

面对这些非凡的荣誉，张晓楼在回复他的挚友——时任日本眼科学会会长、亚洲及太平洋地区眼科学会会长中岛章先生的贺信中说：“我只是尽了自己微薄之力，这些荣誉是对我今后工作的鞭策。”

张晓楼在书房留影

1. 百万白内障盲人亟待复明. 张晓楼. 1987. 02. 10

全国防盲简报

第 1 期

全国防盲指导组办公室编印　　1987. 2. 10

写在前面

全国防盲指导组办公室主任　孙葆忱

《全国防盲简报》是卫生部领导下的全国防盲指导组的正式刊物，它将传达卫生部对全国防盲工作的指导方针政策、全国防盲指导组全体会议精神、全国各地开展防盲工作的先进经验与事迹、世界卫生组织及国际防盲机构有关防盲会议及信息等。

希望全国各地卫生部门领导、眼科医生，防盲工作者踊跃投稿支持本简报，使它办得生动活泼，能够在全国防盲工作的开展中起到应有的作用。

由于人力物力限制本简报暂为不定期刊物。

1

百万白内障盲人亟待复明

全国防盲指导组组长　张晓楼

自新中国成立以来，随着人民生活的改善，医疗卫生设施的提高以及眼科工作者的努力，防盲治盲工作取得了显著的成果。在旧中国，人民在饥饿线上挣扎，瘟疫流行。解放初期全国各地盲目原因的调查，莫不以沙眼为首位，其次是营养不良性角膜软化，淋菌性角膜结膜炎等所致的角膜瘢痕等。随着社会经济文化卫生的发展，传染性眼病被控制了，营养不良症基本消灭了。眼科病人的构成发生了很大的改变。

根据近几年（80年代）全国不少地区的盲人调查分析，我国现在的盲率为0.34%，估计全国有双盲人400多万。各地调查结果都是女性略多于男性，单眼盲约为双眼盲的一倍。在致盲眼因中约60%是可治或可防的。从年龄分析，50岁以上的老年人占大多数。

盲目原因各地虽有差异，但几乎都是以老年性白内障为首要原因。一方面由于传染性眼病的控制，同时也由于人民寿命的延长。白内障是老年性眼病，解放前人均寿命只有35岁，而现在则达70岁了。估计现在全国由于老年性白内障所致的盲人，总数在100万以上，这是一个多么触目惊心的数字！

我们知道，白内障虽不能预防，但手术治疗白内障是眼科医生的拿手好戏。特别是由于眼科刀剪针线的改进，抗菌素的应用，对白内障的手术效果有了很大的把握。暂且手术放人工晶体姑且不论，一般手术后配戴合适的眼镜，视力可以恢复正常，工作和阅读可以和正常人一样。

那么，一百多万白内障的盲人为什么不去治疗，而仍在黑暗中摸索过活呢？原因有两个方面，一是经济的，一是文化的。现在我国约有一万名眼科医生，为十亿人民服务是很不够的。这些医生大多集中在较大城市。当前县级医院眼科的设备及人力多数不能解决白内障的手术。这就使得多数农民不能不去大城市治疗。虽然白内障的手术费不过20元，住院费也不贵，但一个老年盲眼农民到城市去治病，路途遥远，必须有人陪伴，这样一来花费就大得多了。现在农民确实比以前富裕了，但是那样兴师动众，花费大，加上城市里看病难，住院难，使农民望而生畏。另外一个原因可以说是文化知识的不足。不少老年病人认为七老八十的人，视力下降以至失明是自然规律，不知道白内障是可治之病。这样使很多老年人，过去在工作上有丰富的经验，老年成了瞎子，生活还要依靠别人，这怎么能说得上安定繁荣呢？

根据了解，估计当前每年全国进行白内障手术，不超过15000例。以这样的速度，到何年何月才能解决积压的病人呢？何况随着岁月的推移，新的病例还在不断的发生。面对这样的事实我们应采取积极措施：

一、组织农村眼科医疗队

解放以来眼科工作者在农村里做了大量的防盲工作，获得了广大农民的好评。可惜当时没有全国性计划，更没有统一的标准和方法，事倍功半，也没有总结。1984年卫生部成立了全国防盲指导组，统一了认识。各省市自治区也相继成立了省级防盲指导组，不少省市已经完成了当地眼病流行病学抽样调查，摸清了情况。这样就为治盲打好基础，组织好农村眼科医疗队，以治盲为主，如白内障，内翻倒睫等手术，立竿见影，当时见效，当然其他眼病也

— 1 —

2

2. 无私严谨作舟梯. 瑞　峰. 1987. 04.

无私严谨作舟梯

——访世界著名眼科专家 张晓楼教授

·瑞峰

· 30 ·

4

1987年，张晓楼组织出版的

《全国防盲简报》

第九章

张晓楼和他的『名』病人

唐由之（左三）、张晓楼（右三）及全体眼科保健医疗人员与毛泽东主席合影

在张晓楼大半生的诊疗生涯中，经治的患者数以万计，其中不乏一些党和国家的主要领导人。在他看来，无论是共和国领袖还是普通群众，首先都是他的病人，需要他以精湛的医术和良善之心全心全意地为他们解除病痛，这是医生应尽之职。毛泽东、周恩来、朱德、刘少奇、彭德怀、彭真等很多中央领导同志都接受过他的诊疗。张晓楼也深知自己责任重大，怀着崇敬的心情用笔记录下了这些珍贵的时刻。

新中国成立后不久，张晓楼就开始为毛泽东主席治疗眼病。1957年，毛泽东主席去苏联出席国际共产主义会议前夕，张晓楼为他做眼部检查。1959年9月，毛泽东主席抽烟划火柴时，火星飞进眼睛致角膜灼伤，张晓楼为其救治后很快痊愈。同年9月中旬，毛泽东主席外出视察期间，常觉眼睛不适；张晓楼和时任卫生部保健局局长的黄树则随行。他们自北京出发，途经天津、济南、郑州、邯郸等地，有效地保障了毛泽东主席眼睛的健康。1970年，毛泽东主席患老年性白内障，视力逐渐减退，到1974年时，白内障加重，视力大减。张晓楼受命担任医疗小组的组长，住进中南海，为毛泽东主席诊疗。经过仔细检查和斟酌，决定进行手术治疗。因毛泽东主席平卧困难，拟行针拨术，即将混浊的晶状体拨离瞳孔区，使光线进入眼内而获得一定程度视力的提高。手术由中医研究院广安门医院的唐由之主任主刀，手术顺利。术毕毛泽东主席即能看到人的面孔，后来配上张晓楼亲手给主席磨制的眼镜即能阅读文件。那天，毛泽东主席很高兴，还和张晓楼开起了玩笑。

张晓楼在他的记录中写道：“我到杭州的当天晚上去看毛主席，他两眼都看不清楚，但身体健康，一见面时他对我说：‘你还是小（晓）楼啊，该盖大楼了。’后来见到周总理，他也开玩笑地说：‘主席不是要给你盖大楼吗？……’”

周恩来总理对毛泽东主席的健康非常关心。医生每次给毛泽东主席检查结束后都要向他汇报，下一步的检查和治疗方案也都要给周恩来总理讲清楚。甚至散瞳检查，周恩来总理都要坚持先给自己散瞳，亲身体验一次。治疗之前，什么是白内障，手术过程中怎样拨除，周恩来总理都问得很详细，而且一定要张晓楼讲解清楚。张晓楼带着眼球模型向周恩来总理一一讲解，以生动的比喻解释晶状体蛋白变混浊是由于蛋白质变性，如同生的鸡蛋清是透明胶状物，而煮熟的鸡蛋清就成不透明的固体了。周恩来总理很是欣赏这种比喻，说：“你讲得很好，这样就容易懂了。”同时，周恩来总理也把自己患病的情况告诉了张晓楼，得知总理病情的张晓楼，心情沉重而感佩。张晓楼记录中有这样一段：“有一次深夜二时，他（周总理）从人民大会堂回到家里，我去他家里汇报。他有时闭着眼，我看他很累，很困倦了，就停止汇报。他马上说：‘讲吧，我听着呢。’这令人感触很深。并且他知道自己患有癌症，是在另外一次汇报时，他顺便告诉我的。但他仍很乐观，真是为人民事业，鞠躬尽瘁。”

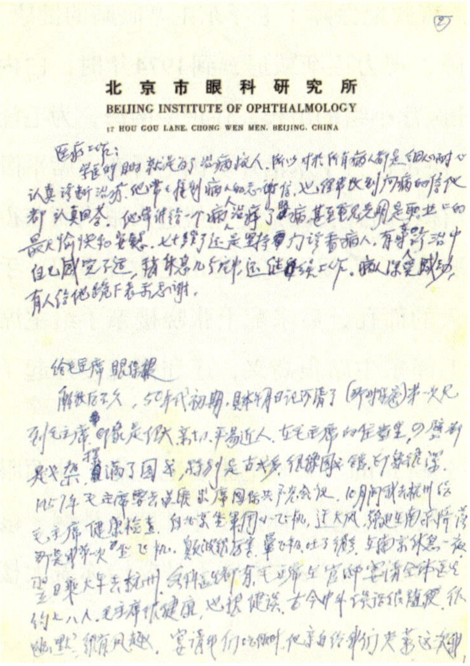

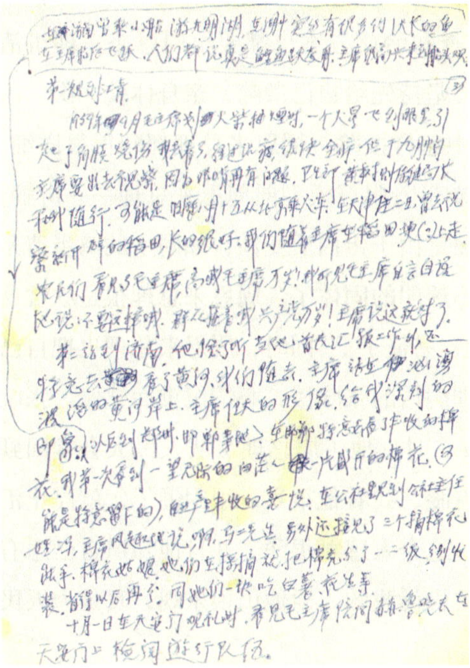

张晓楼晚年记录的给毛泽东主席、胡志明看病的手稿

1959年9月，张晓楼陪同毛泽东主席在河北邯郸

20世纪80年代，张晓楼陪同国家主席李先念接待斯里兰卡国家领导人

张晓楼还治愈过越南第一任主席胡志明的眼疾。那是1965年的春天，正值越南反美战争的严峻时期，胡志明主席焦虑万分，突然一只眼睛视力急剧下降。越南医生诊断后，发现他的另一只眼也将发生同样的情况。越南政府同中国驻越大使馆商谈，请中国政府紧急派医生援助，原中央卫生部便委派张晓楼、毛文书、周城浒一行三人第二天乘专机抵达河内。经过检查，胡志明主席是左眼玻璃体积血，需要医治，但健眼发生同样情况的概率则很小。他们将胡志明主席的眼部病情向中国政府做了汇报，同时苏联医生的建议是将胡志明主席接到苏联治疗。周恩来总理指示，为了避开激烈的战争环境，可以邀请胡志明主席到中国休养治疗。胡志明主席欣然同意，乘飞机抵达广州。在疗养胜地从化经过三个月的精心治疗和护理，胡志明主席的眼睛恢复了正常。从此，他也和中国的医生结下了深厚的友谊，张晓楼一行也赢得了越南政府和越南医生的赞誉。胡志明主席送了一张签名照片给张晓楼，写道："造福盲人，让光明充满人间。"这张珍贵的照片，张晓楼教授的家属一直保留至今。

[第十章]

最后的奉献

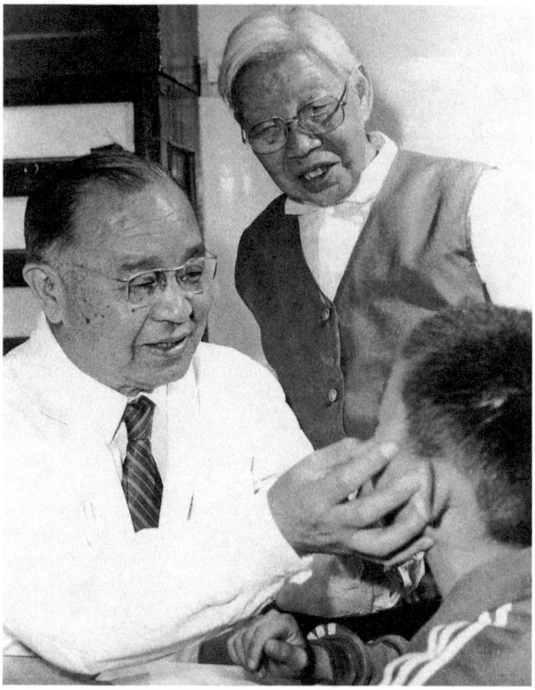

张晓楼出门诊

晚年的张晓楼，依然对眼科事业一心一意，兢兢业业，心中惦念的全是他的病人和如何发展我国的眼科事业。他为自己是一名共产党员而自豪。他多次拒绝挂牌行医。他经常对孩子们说："行医绝不是为了挣钱，作为老医务工作者，要起一个好的表率作用。"

在退居二线后，张晓楼依然坚持每周出两次门诊。1989年，他因心脏病安装了起搏器，出院后不久，立即恢复看门诊，并多次参加义诊。在去世前的几个月，他还参加了云南抗震救灾义诊和亚运会的义诊。他有时感到劳累气闷，稍事休息后又继续为病人看病。家人都劝他减少工作量，他总说，病人看病不易，不能放弃出诊。他处处以共产党员的标准要求自己，从不趋炎附势，尽心尽力地为普通老百姓看病。对已不能医治的疾病，他耐心地对病人讲清病情，并劝告这些来京的农民患者不要再枉费钱财，更不要听信社会上的庸医之言。

1989年亚运会前，
张晓楼义诊

张晓楼最后一次义诊

张晓楼在多年的临床工作中，看到无数因角膜病而致盲的患者因缺乏角膜来源而得不到医治，只能长期忍受痛苦。据他的女儿张茵女士、张薇教授回忆："我父亲在眼科看门诊时，曾遇到过一个角膜病患者，十分痛苦地恳请父亲治好他的眼。下班回到家里，我父亲难受地说：'我们国家不是不能治好这种病，而是因为没有角膜材料。'他为此感到非常难过。"

据粗略估计，那时我国有90万患者是因角膜疾病而失明的。美国那时有87个眼库，日本有44个；仅有1400万人口的斯里兰卡，上自政府总理，下至平民百姓，志愿在死后捐献眼球的达500万人，该国眼库每年向世界各国无偿捐献2000个眼角膜。我国传统文化讲究"身体发肤，受之父母"，受此影响，去世后自愿捐献角膜的人极少。一个十几亿人口的大国，不得不接受斯里兰卡眼库的馈赠，对此，张晓楼常常深感遗憾。1977年，斯里兰卡国际眼库曾向北京同仁医院赠送4只眼角膜，张晓楼的使命感和责任感变成紧迫感。年逾花甲的他不顾年迈体弱，四处奔走呼吁，倡议国家成立死后志愿捐献角膜的眼库。作为北京市第六届人大代表和第七届政协委员，张晓楼郑重行使了参政议政的权利。1977年，他递交了倡导身后捐献角膜的提案。作为中华医学会眼科学会主任委员，在1980年和1984年的全国学术会议上，张晓楼号召眼科同行发起倡议，与郭秉宽、刘家琦等著名眼科专家联名签署了“我们志愿在身后捐献自己的眼球”倡议书。

在张晓楼的努力倡导和推动下，1990年6月12日，北京同仁眼库宣告成立。时任北京市副市长的何鲁丽等领导到场祝贺。因心衰正在住院治疗的张晓楼欣喜万分，第一个在死后志愿捐献角膜书上郑重地签上了自己的名字，并特意嘱咐夫人邢淑萝女士将他亲笔题写的“造福盲人，让光明充满人间”的题词送到大会，表示祝贺。而这句话正是1965年张晓楼奉命给时任越南第一任主席的胡志明成功治疗眼疾后，胡志明主席对他赞誉有加，在赠给他的签名照上所题写的话。这也是张晓楼一生的写照。

张晓楼是同仁眼库的倡导者，也是第一位捐献角膜的志愿者。

作为一项公益事业的倡导者，已属不易，更难能可贵的是以身作则，身体力行。

眼库成立3个月后，1990年9月14日，在一个阳光灿烂的秋日，眼科专家张晓楼教授在北京逝世，享年76岁。

张晓楼教授去世后，根据他的遗愿，他的双眼角膜分别给两名因角膜疾病而致盲的工人做了角膜移植手术，他们是北京顺义化肥厂工人张成如和义利食品厂工人曲国华。当时的魏文斌还是一位年轻的医生，医院安排他取张晓楼教授的角膜。在张晓楼教授的遗体告别现场，在恭敬地向张晓楼教授的遗体鞠躬后，魏文斌亲自取出了张晓楼教授的角膜，再由北京同仁医院角膜组邹留河主任进行角膜移植手术。

几个小时之后，角膜移植手术顺利完成，两名工人激动得泣不成声，失

张晓楼教授遗体告别和捐献遗体眼角膜仪式现场

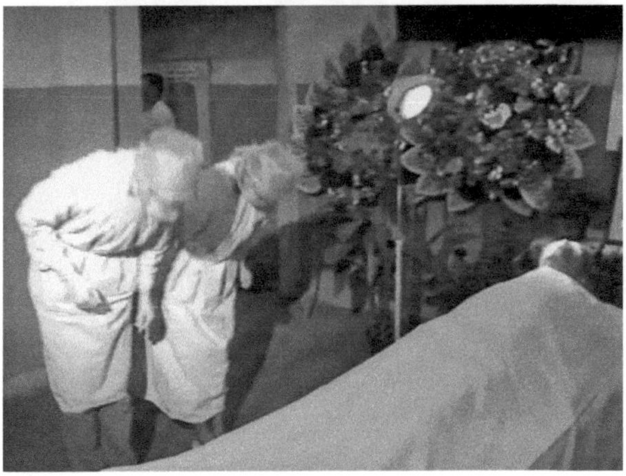

张晓楼教授捐献遗体角膜现场，魏文斌（左一）向张晓楼教授的遗体鞠躬，行手术取角膜组织

明多年的盲眼有机会再次看到世界。此时，他们才知道，使他们重见光明的角膜捐献者是张晓楼。国际著名眼科专家、医学博士、北京市眼科研究所所长、北京同仁医院副院长张晓楼教授，他以博大的爱心为他毕生热爱的眼科事业做出了最后的奉献。通过这两位普通工人的双眼，张晓楼“让光明充满人间”的愿望得以延续。

而张晓楼这个名字，并没有因他的离去而消逝，而是随着新华社的报道而更为家喻户晓。第二天的《人民日报》《光明日报》《中国日报》《健康报》《科技报》《北京日报》等各大媒体，都对张晓楼这一壮举做了详尽的报道。

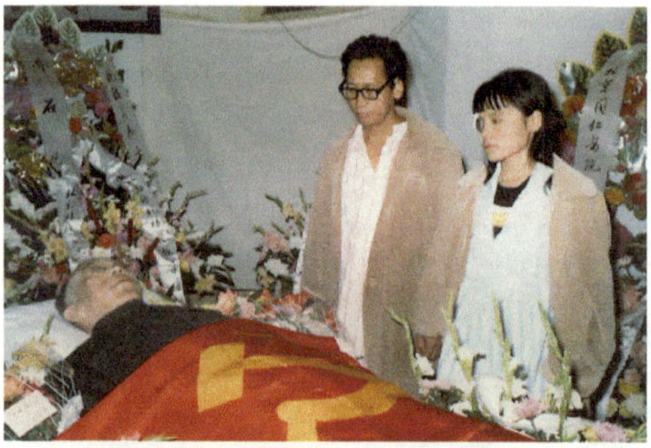

1990年9月，张晓楼身后为两位角膜盲患者捐献角膜

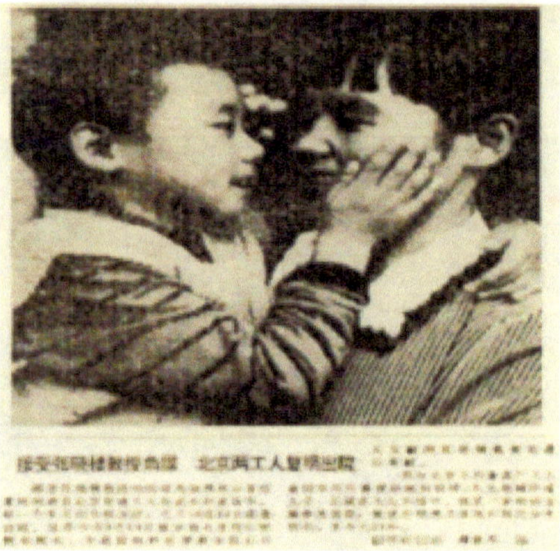

新华社报道接受张晓楼教授角膜的工人复明出院的消息

《光明日报》在头版头条以《眼科巨擘将毕生献给医学，死而后已，让光明充满人间——同仁医院眼库倡导者张晓楼捐出角膜》为题进行了长篇报道。

在张晓楼精神的带动下，包括当时的党和国家领导人在内的许多人士纷纷签名，表示死后愿意捐献出自己的角膜。有位退休老工人在来信中激动地写道：“我和张晓楼教授素不相识，但在报上和电视上看到张教授死后志愿捐献出自己的眼睛，使两位工人重见光明，深受感动。我也要向他学习，死后把自己的眼球捐献出去……”

1990年9月26日，北京同仁医院为张晓楼举行了隆重的遗体告别仪式。党和国家领导人彭真、乔石、李铁映等送来了花圈。时任卫生部部长的陈敏

青年张晓楼

章、北京市委书记李锡铭、北京市副市长何鲁丽等参加了遗体告别仪式。无数群众流着热泪，冒雨前来，怀着崇敬之情，向这位为中国眼科事业奋斗一生，死后又造福盲人的老教授做最后的告别。张晓楼的名字，永远和光明共存。

“春蚕至死丝未断，留在人间谱丹心。”

张晓楼从事眼科事业达半个世纪，五十年如一日，孜孜不倦，奋斗了一生，在发展医学、开拓建设我国眼科临床与基础研究事业、培养专业人才等方面都做出了巨大的贡献，取得了不凡的成就。

张晓楼教授是我国眼科界的一代宗师。他毕生所具有的开拓、勤奋、敬业、笃实和真诚奉献的精神，亦是所有医务工作者学习的典范。

1982年的张晓楼

晚年张晓楼

第十一章

后人的脚步

——北京同仁张晓楼眼科公益基金会

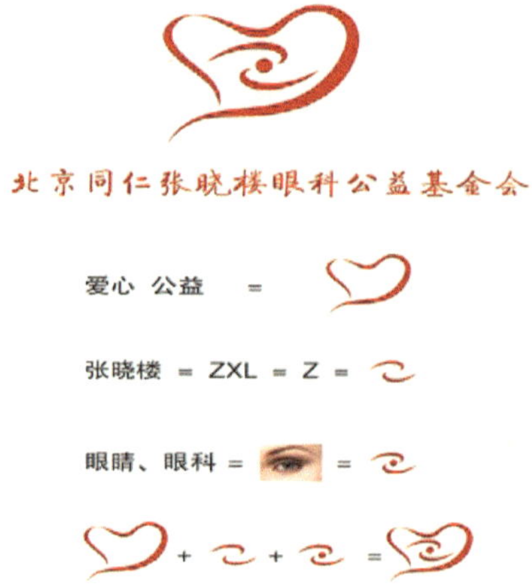

北京同仁张晓楼眼科公益基金会会徽及其涵义

2014年3月17日，张晓楼教授100周年诞辰之际，北京同仁张晓楼眼科公益基金会成立。追随着前人奋进的足迹，我们的脚步也不曾停止。北京同仁张晓楼眼科公益基金会的成立，是同仁人对“精诚勤和”同仁精神的传承和发扬，也是对张晓楼等杰出眼科大家们的致敬。

北京同仁张晓楼眼科公益基金会（以下简称基金会）是由北京同仁医院发起、北京市民政局批准设立的非公募公益基金会，也是北京市第一家眼科专项基金会。启动仪式上，时任全国人大常委会副委员长、全国政协副主席、民革中央主席的何鲁丽，时任国家减灾委员会秘书长、中华人民共和国民政部副部长的姜力为基金会揭牌。何鲁丽在致辞中动情地回忆起张晓楼教授的生前伟业，希望基金会继承北京同仁医院的光荣传统，弘扬张晓楼教授不朽的精神，调动眼科医务人员的积极性，把同仁眼科的优势资源带到基层，特别要关注老少边穷地区青少年的视力健康，普及爱眼、护眼、防病知识，为广大患者服务，促进我国眼科医疗事业的发展。同时，她呼吁社会各界关心眼科事业，愿企事业单位、群众团体、爱心人士大力支持基金会的公益活动，参与其中，为广大人民群众的眼健康贡献力量。

北京同仁张晓楼眼科公益基金会领导成员

第一届理事长：韩小茜
副理事长：徐　亮　黄志刚
理事：任冀湘　王宁利　张　徽　张　萍
监事：马志中
秘书长：魏文斌
副秘书长：刘卫国

与此同时所诞生的基金会会徽，正是在一颗红心里，嵌入了明亮的眼睛，眼睛的瞳仁（“同仁”谐音）里，包含的是张晓楼教授姓氏“张”的英文缩写“Z”，喻示着张晓楼教授“让光明充满人间”的愿望可被传承，张晓楼教授的精神不朽。

基金会第一届理事长由北京同仁医院原党委书记韩小茜担任，北京市眼科研究所原所长、同仁医院原副院长徐亮和北京同仁医院副院长黄志刚任副理事长。北京同仁医院眼科主任魏文斌教授与时任北京同仁科技开发公司总经理的刘卫国作为基金会的发起人，分别任正、副秘书长。

基金会紧紧围绕着理事会确定的“致力于在眼科的防盲治盲、健康教育、新技术推广、人才培养等方面发挥重要的引领作用”的办会方针，在各位理事、各相关单位和社会爱心人士的关心支持下，踏实而努力地开展了各项工作，也取得了一定成绩。

基金会自成立以来，每年定期进行公益活动，凝心聚力，深入基层，为边远地区群众免费开展白内障复明手术，帮扶当地医院眼科进行科室建设，培训当地眼科医生；同时，一直关注边远地区青少年及留守儿童的视觉健康，致力于改善青少年儿童的学习环境，为数以千计的边远地区青少年进行免费眼科检查，并捐赠眼镜、书籍、文具等用品。

在基金会和北京同仁医院的共同努力下，关注老少边穷地区人民群众及青少年视力健康状况，近几年来，积极开展了一系列医疗公益活动。

“新视界爱眼阳光行动”

“新视界爱眼阳光行动”是首都医科大学附属北京同仁医院的院级品牌项目、北京市卫生局2012年优秀基层党建工作创新项目，由北京同仁医院第三产业党支部于2003年创建、实施，眼科党支部密切配合开展的大型公益活动。

“新视界爱眼阳光行动”是全程公益的爱心活动，活动产生的所有费用，包括捐赠的全套物资、工作人员的衣食住行等费用均由北京同仁医院及基金会承担，从未给地方政府造成过任何负担。

“新视界爱眼阳光行动”的宗旨是借助同仁眼科的专业技术优势，通过为老少边穷地区的师生服务，更多地关注边远地区青少年的视力健康，让边疆地区、偏远地区和贫困地区的师生有机会享受到北京同仁医院眼科专业的医疗服务，同时应边远地区广大医生的要求，组织针对基层临床医生的专项培训会，由北京同仁医院的眼科专家讲解眼科专题，解决他们在临床中遇到的问题。

自创办以来，“新视界爱眼阳光行动”已组织过18次大型公益活动，长途跋涉，足迹覆盖我国新疆维吾尔自治区、内蒙古自治区、黑龙江、安徽、江西、四川、云南、贵州、甘肃等地的边疆地区或国家级/省级贫困县。每一天活动、每一个环节的布置策划，都全员参与。已为近万名师生进行了免费验光检查，赠送眼镜五千余副。举办青少年健康用眼知识讲座，由北京同仁医院眼科专家、同仁验光配镜技术专家专门为学生讲课，为学生发放爱眼护眼知识手册。“同仁眼科专家下基层 · 基层临床医生培训会”“同仁

2014年5月，“北京同仁医院‘新视界爱眼阳光行动’走进天水”现场剪影

2015年，北京同仁张晓楼眼科公益基金会走进云南腾冲，理事长韩小茜（后排左七）等与同仁医疗队合影

2017年6月，“新视界爱眼阳光行动”走进内蒙古扎赉特旗

眼科专家走基层”项目借助北京同仁医院眼科的专业技术优势，面向基层，关注全国眼科医生临床水平的提升，延伸了北京同仁医院眼科专业的医疗服务系列活动，为当地建设一支“不走的医疗队”，切实为当地广大人民群众解决了看病难就医难的问题。

针对不同地区的不同需求，北京同仁医院眼科根据地方上报的培训选题配备相应的眼科培训专家，使培训更有针对性。这些培训涉及眼底病、青光眼、眼外伤、眼角膜、斜弱视、验光配镜和学术论文写作等多个专题内容，北京同仁医院的魏文斌、唐炘、史翔宇、付晶、接英等各领域的眼科专家进行授课。至今已为西藏自治区、安徽、甘肃、云南、宁夏回族自治区、贵州、新疆维吾尔自治区等多个地区的基层医生进行了专项眼科培训，受到当地眼科医生的热烈欢迎，三千余名基层眼科医生参加了培训。同时，基金会精心挑选《同仁眼科系列图谱》《同仁眼科手册》《同仁眼科诊疗指南》《同仁眼科疾病护理健康教育指南》《眼底病鉴别诊断学》《WILLS眼科手册》《眼科手

2014年5月，“同仁眼科专家下基层·甘肃眼科医生培训会”上，北京同仁医院眼科的魏文斌教授向当地医生赠送眼科工具书

2014年，北京同仁张晓楼眼科公益基金会同仁眼科走基层活动，在兰州大学第一医院培训甘肃省眼科医生，图为参加人员合影

术操作与技巧》等医学专著五千余册和科普书《眼球王国奇遇记》等，赠送给当地的医疗机构和临床医生。

基金会每到一地，还根据地方的具体情况和需要酌情安排手术示教，如角膜移植手术（所用角膜为基金会联合同仁眼库免费捐助）、斜视手术、玻璃体切除手术等，患者术后恢复均良好。如在云南腾冲，基金会为19名

2015年7月，北京同仁张晓楼眼科公益基金会给基层眼科医生赠送的眼科工具书

2015年，北京同仁张晓楼眼科公益基金会“同仁眼科讲师团走基层——安徽省眼科医生培训会”上，魏文斌教授向当地眼科医生赠书

2016年，北京同仁张晓楼眼科公益基金会举办“全疆系统性疾病与相关眼底病防治新进展论坛”，图为参加人员合影

2016年，北京同仁张晓楼眼科公益基金会同仁眼科讲师团走基层——举办“全疆系统性疾病与相关眼底病防治新进展论坛”

2016年12月，北京同仁张晓楼眼科公益基金会同仁眼科讲师团走基层——向宁夏银川医生赠书

2016年1月，北京同仁张晓楼眼科公益基金会举办“同仁眼科论坛走进云南暨第一届云岭眼科论坛”

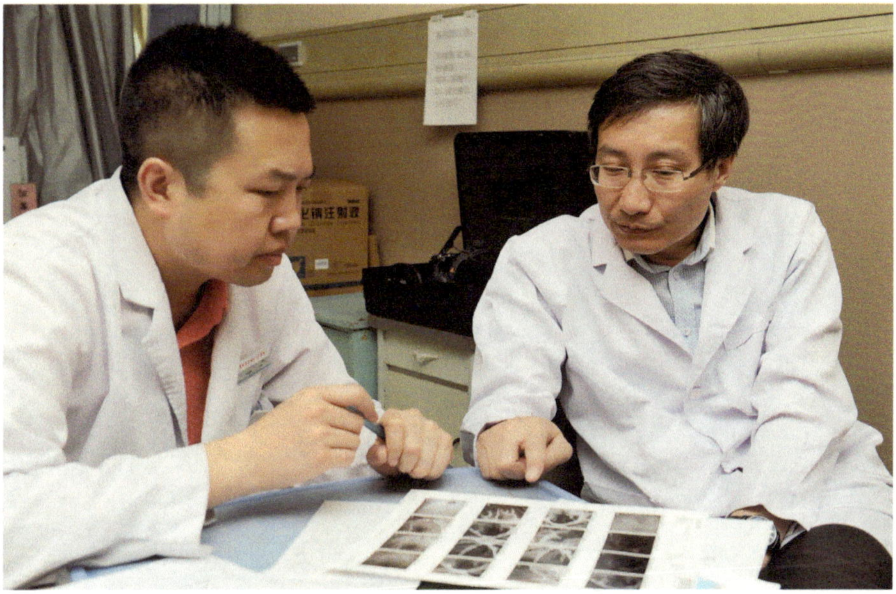

2017年6月，同仁眼科讲师团走基层——宁夏银川，魏文斌教授给当地医生讲解疑难病例

2018年6月，北京同仁眼科专家走基层——走进安徽，举办“眼底病多模式影像诊断新进展学习班”

同仁眼科讲师团走基层——安徽省眼科医生培训会

年龄在9～14岁的斜视儿童进行了免费手术救治，CCTV-13“朝闻天下”栏目对北京同仁医院“新视界爱眼阳光行动”云南行活动进行了相关报道。

全国政协“卫生三下乡”活动

随着基金会公益活动的深入，社会影响力不断扩大，应全国政协邀请，基金会参与了全国政协“卫生三下乡”活动。在全国政协领导的带领下，由首都医疗界专家组成医疗队，来到安徽舒城县、湖南沅陵县等地开展活动。活动期间，同仁专家与当地医护人员在诊疗、教学等方面进行了经验交流，并与来院患者就检查、救治等问题进行了耐心沟通，并向当地县医院捐赠了眼科医疗设备和免费开展了贫困患者白内障手术，受到当地广大群众的高度赞扬和一致好评。

青少年视力关爱活动

在2014年中国宋庆龄基金会与北京同仁医院签署关于云南“青少年梦想基金”合作协议的基础上，2015年7月，中国宋庆龄基金会与北京同仁医院及北京同仁张晓楼眼科公益基金会就“青少年梦想基金”签订了三方合作协议。关爱行动启动仪式在人民大会堂举行，时任中国宋庆龄基金会主席胡启立出席了活动并讲话，鼓励北京同仁医院眼科传承百年优良传统，做好公益活动，造福于民。该项活动共涉及接下来几年中开展项目的五个地区，包括新疆维吾尔自治区、云南、贵州及四川。中国宋庆龄基金会捐赠了2100万元用于受助地区五方面的合作内容，包括：组织专家医疗队到受助地区进行眼科检查及验光检查工作；向受助地区青少年捐赠眼镜、爱眼护眼手册等物资；组织专家医疗队赴受助地区开展眼科诊疗技术的培训与指导工作；完成重症眼疾青少年的免费救治手术与视力矫正工作；向受助地区捐赠眼科诊疗设备。

其中，在已开展的贵州项目中，组织同仁专家走进贵州省毕节市进行了眼科检查、验光配镜及手术救治工作，累计完成543人次检查、445副眼镜捐赠；向贵州省地方医院捐赠《同仁眼科手册》60套，向毕节市当地中学捐赠同仁护眼灯30台、《眼球王国奇遇记》300本；为在校学生进行爱眼护眼知识讲座；派出7名同仁眼科各领域专家，为贵州基层眼科医生开展了9个专题讲座及眼科诊疗技术的培训工作，来自贵州省内103所医疗单位的350余名眼科医生参加了此次培训；于毕节市为39名存在斜视问题的青少年进行了术前筛查，后为24名符合手术指征的青少年实施了24例复杂性斜视矫正手术。

在云南项目中，与地方合作医院云南省第二人民医院及昆明医科大学第

2014年，中国宋庆龄基金会与北京同仁张晓楼眼科公益基金会战略合作启动仪式，前排中为时任中国宋庆龄基金会主席胡启立

一附属医院签订了合作协议，组织合作医院到云南省曲靖、普洱、临沧、楚雄彝族自治州、迪庆藏族自治州五个地区进行验光检查，完成了3000副眼镜的捐赠工作。

青少年爱眼活动

随着青少年近视人数的增加，青少年的视力健康已经越来越多地受到关注。北京同仁医院眼科作为目前支持该公益活动的医疗机构，已为多所学校的学生们进行了专业、规范的眼健康检查，有效推进了青少年儿童的近视防控和斜弱视等常见眼病的治疗工作。

基金会与北京青年宫合作举办的“爱眼大巴进校园”活动，其中包括

2016年“青少年视力关爱”走进贵州

“爱眼宣传进校园”“爱眼知识考考你”“爱眼护眼小征集”“爱眼使者送爱心”“校医大讲堂”等系列活动。活动遍布东城区、西城区、朝阳区、密云县、昌平区、石景山区、房山区、怀柔区8个区共11所学校。同仁眼科专家共为学生、校医举办爱眼讲座10场，派出工作人员118人次，其中包括专家组11人次，现场为学生、校医进行专业授课，视光师78人次，为学生进行视力筛查。系列活动的开展，旨在深入基层学校，关注特殊青少年群体，为偏远山区学生及残疾儿童免费配镜，让弱势群体的孩子们感受到社会的温暖；同时，广泛开展保护视力的宣传教育工作，呼吁全社会对保护青少年视力工作的重视，降低青少年近视率。

在活动现场，北京同仁医院的眼科医生们携带裂隙灯、电脑验光仪、检眼镜等专业眼科设备，走进校园为所有参加活动的学生们做详细的眼健康检查：测视力、电脑验光、裂隙灯检查，并详细记录每个学生的眼病信息；对检查出的部分患有斜视、弱视，并符合治疗条件的贫困儿童，同仁医院的眼科专家们给予了免费救助治疗。针对已经真性近视的儿童，北京同仁医院的

2018年，北京同仁张晓楼眼科公益基金会“四川凉山公益行”合影

2018年“四川凉山公益行”，身着盛装认真听课的彝族学生们

2018年6月，北京同仁张晓楼眼科公益基金会“四川凉山公益行”，魏文斌教授给彝族孩子们讲近视的预防知识

孩子们天真无邪的笑脸和明亮的眼睛是最动人的

眼科教授们现场为大家讲授如何保护视力，避免近视度数上涨。提醒广大学生，平时要少看电视，读书写字要注意保持足够的距离，养成良好的用眼习惯，避免近视发展。眼科专家们耐心指导着，孩子们用心学着，同样的课堂，带给孩子们的是不一样的感受。爱护眼睛，心向光明，透过孩子们灿烂的笑容、闪亮的双眼，似乎看到阳光洒进了每一个孩子的心间。

多年来，基金会联合北京同仁医院眼科，为边远地区人民群众及青少年的眼健康做出了大量有效的工作，得到了社会各界的广泛关注与极高的赞誉。

西藏公益行

2017年8月5～11日，基金会、十一世班禅领导的援助西藏发展基金会、北京成龙慈善基金会共同举行了“日喀则公益行”大型公益活动。医疗队由北京同仁医院眼科魏文斌教授担任领队，赴西藏日喀则、拉萨地区开展白内障复明手术、眼底病筛查工作及玻璃体手术。医疗队在平均海拔4000米的日喀则地区停留4天，筛查了近200名藏区的严重眼病患者，为藏区同胞免费实施白内障复明手术31台。术后第1天，在扎什伦布寺，十一世班禅额尔德尼为白内障患者亲手揭开纱布，恢复光明的藏民们眼含着热泪，诚挚地感谢，令在场者无不动容。在拉萨进行公益活动的3天，除进行医疗活动外，成龙慈善基金会向张晓楼基金会捐款200万元。基金会将在此后与援助西藏发展基金会和成龙慈善基金会进行长期战略合作，共同完成西藏公益项目，种种善举，产生了良好的社会影响。

随着基金会和北京同仁医院眼科到西藏自治区藏医院开展了一系列白内障、玻璃体视网膜手术，捐赠以及医生技术培训后，在西藏百姓的殷切期盼中，2018年9月25～30日，基金会一行人带着新技术、新设备、新知识、新使命再次来到西藏。

2017年8月，“日喀则公益行”的参与者们合影

2018年9月28日，一个普通的星期五，然而对西藏自治区藏医院来说却是一个特殊的日子。清晨7点，由北京同仁医院副院长、眼科主任魏文斌教授带领的医生团队来到医院，为7名藏区患者免费开展微创玻璃体视网膜手术。由基金会发起的这次“西藏光明公益行”活动不仅给西藏自治区的患者带来了权威眼科医疗团队，还带来了价值250万元的玻璃体视网膜手术的核心设备——玻璃体视网膜手术系统，这台设备是目前世界上最新的微创玻璃体视网膜手术仪器，也是世界上第一个正式落户海拔4000米高原的玻璃体切割机。有了它，就能为藏区今后自主开展微创玻璃体视网膜手术留下希望的火种。

下午3点，7台手术顺利结束，在这期间，魏文斌教授没有休息，虽然他有高原反应，还是坚持接受了记者采访，对西藏自治区的眼病特征、在藏区开展慈善公益工作的初心等问题做了详尽的叙述。

魏文斌教授说道，受地理环境和医疗卫生条件所限，目前西藏地区糖尿病、视网膜病变的筛查、转诊等程序还不完善，而对于藏区高发的眼底病如视网膜血管阻塞等引发的严重视力障碍，治疗也比较困难。所以从去年开始，基金会来到藏医院开展微创玻璃体视网膜手术。

对于藏区患者来说，要治疗玻璃体视网膜疾病需要到内地有医疗条件的城市去，长途跋涉、花费巨大。而基金会来到藏区开展微创玻璃体视网膜手术，能让这些罹患致盲眼病的患者就地解决困扰已久的眼疾，这是一件好事。尤其值得一提的是，在爱尔康公司的资助下，我们更是让玻璃体视网膜手术的重要设备——玻璃体视网膜手术系统落户西藏自治区藏医院。

有了设备，就要着手培训西藏的医生。9月27日，北京同仁医院眼科的医生给藏医院的眼科医生培训了眼内注药技术，这是近十年来发展最快的治疗新生血管性视网膜疾病的重要给药方法。通过一天的培训，藏区医生很快掌握了操作的主要技术，这意味着今后有相当一部分新生血管性视网膜病变的患者能够受益于该技术，得到及时的治疗。

通过手术演示，对藏医院的眼科医生进行微创玻璃体手术培训，从理论到实践，让藏区的眼科医生掌握玻璃体视网膜手术的基本技术，从而逐步让常见的玻璃体视网膜疾病在藏区就能得到及时的治疗，广大藏区眼疾患者不再需要走出西藏，这是该项活动希望达到的目的。

通过一系列的培训，北京同仁医院眼科医生手把手帮带，交流眼底激光治疗、荧光素眼底血管造影技术等操作技巧，收效显著。通过培训，西藏自治区藏医院的受训医生已基本掌握了眼内玻璃体注药技术的操作要领。而对于需要长期培训学习的微创玻璃体视网膜手术技术，同仁医院会持续提供更多平台，组织西藏自治区眼科中心的医生到北京，进行专业培训、师资培养等系统医疗帮扶。

2017年在魏文斌教授的助力下，通过西藏自治区藏医院院长白玛央珍等人的共同努力和积极争取，西藏自治区卫生健康委通过了将西藏自治区眼科中心设立在西藏自治区藏医院的提议。2018年，带着“西藏自治区眼科中心落户自治区藏医院”的光荣使命，基金会、北京同仁医院眼科团队再次

2017年8月，西藏日喀则公益行，排队等待看门诊的藏民们

2017年8月，西藏日喀则公益行，做完白内障手术后第一天，等待揭开纱布重见光明的藏民们

2017年8月15日，日喀则公益行，成龙慈善基金会与北京同仁张晓楼眼科公益基金会合作，魏文斌与成龙先生合影

2017年8月15日，日喀则公益行，十一世班禅为白内障术后的藏民揭开纱布

2017年8月，日喀则公益行，十一世班禅与北京同仁医院眼科魏文斌、张红岩共同看望白内障术后第一天的藏民们

来到西藏自治区藏医院。经过和全国各地的眼科专家论证后，2018年10月29日，西藏自治区眼科中心揭牌仪式隆重举行，共同见证西藏自治区眼科中心正式落户自治区藏医院，在会议上举行了玻璃体视网膜手术系统的机器捐赠仪式，全国各地的知名专家对藏区眼科的长远发展进行了磋商和规划。

作为北京同仁医院眼科的医联体成员单位之一，西藏自治区眼科中心将在北京同仁医院的大力支持和帮扶下，为西藏百姓提供更专业、更先进、更优质、更全面的医疗服务。魏文斌教授及团队成员与西藏自治区藏医院的白玛院长及眼科主任进行了充分交流，从西藏自治区眼科中心的未来发展到基金会、北京同仁医院眼科对藏医院的帮扶支持，将以西藏自治区眼科中心落户自治区藏医院的坚实契机为动力，致力把同仁眼科医疗实力、同仁眼科医生资源、技术优势更好地融合在西藏地区，为广大藏区人民带来更多、更实在的福利。

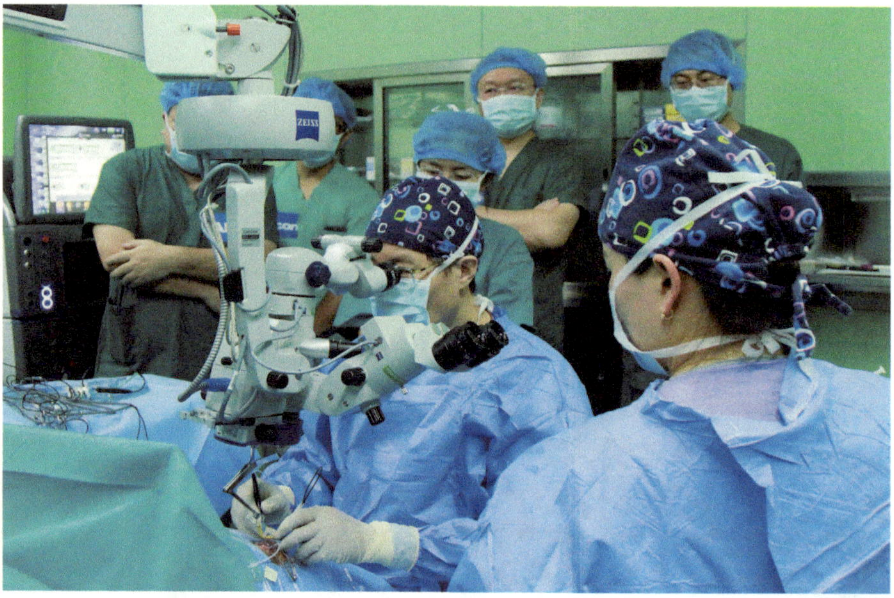

2018年9月，西藏公益行，魏文斌在西藏开展微创玻璃体手术

北京同仁医院眼科自1886年建立至今，百余年的历史长河中，涌现出张晓楼、李荣德、郑邦和、李志辉、傅守静、张淑芳、刘钢、胡伟芳、金秀英、张士元等一大批眼科大家。他们在不同的专业领域，为创建中国眼科事业做出了不朽的贡献。他们是先行者，也是开拓者，正是因为有了他们，才有了同仁眼科的今天——不仅闻名国内，也享誉海外。

言传身教、耳濡目染。一辈辈同仁人薪火相传，形成了130余年的同仁文化，凝聚成同仁眼科深厚的医疗典范。沿着前辈大家们的来时路，今天的同仁眼科依然人才济济，王宁利、魏文斌、张风、李冬梅、彭晓燕、吕岚、卢海、唐炘等教授，均是当今国内乃至国际眼科界的翘楚，足以令后辈学子景仰。

每一位同仁眼科人，都是颗颗星辰，散发着不朽的光芒；一束光的种子，生生不息，便可以照亮整个世界。

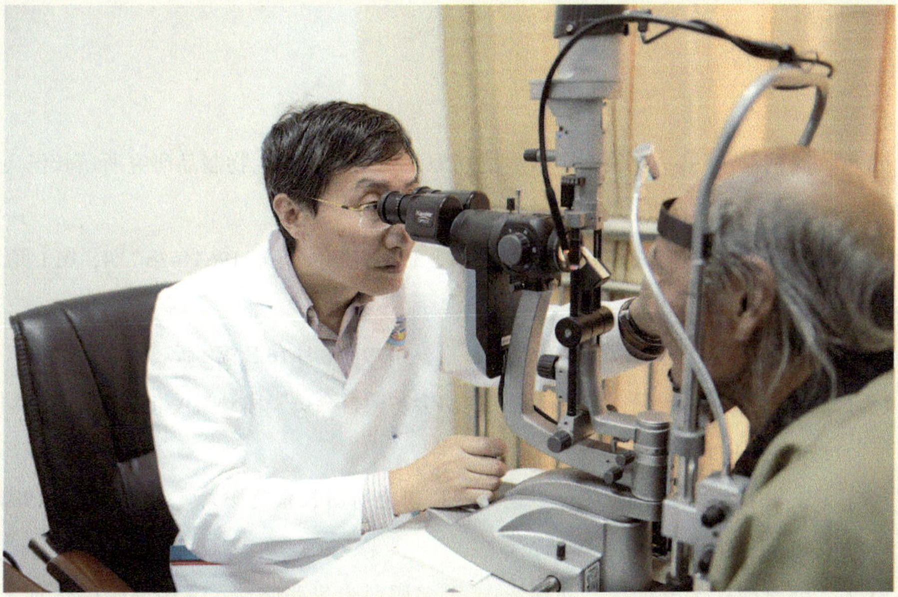

西藏公益行，魏文斌在义诊

参考文献

［1］ 周耦良：《第一次找到了砂眼的病原——访北京市生物制品研究所所长汤飞凡》，《北京日报》1956年7月25日第1版。

［2］ 朱锡莹：《他们分离出了沙眼病毒》，载《科学大众》，1963年第7期，第1页，封1。

［3］ 朱敏之：《眼球的故事》，《北京日报》1979年8月16日第4版。

［4］ 《张晓楼获美国视觉与眼科学研究协会“荣誉会员”称号》，《北京日报》1984年5月18日第4版。

［5］ 王敏霏：《眼睛的卫士——访市眼科研究所所长张晓楼》，《北京晚报》1984年6月6日第1版。

［6］ 健康报社金玉洪撰文并摄影：《著名眼科专家张晓楼》，《中国医院管理》，1986年第1期，第1页。

［7］ 《北京同仁医院的张晓楼是眼科教授，可他在门诊时总是小心翼翼，一点不马虎，他说——医生的工作出不得废品》，《人民日报》1986年3月20日第3版。

［8］ 张晓楼：《要有科学的求实精神》，《北京日报》1986年3月21日第2版。

［9］ 陆树群：《老专家回家做好事》，《石家庄日报》1986年5月7日第1版。

［10］ 陈立君：《撒下一片光明——访著名眼科专家张晓楼》，《石家庄日报》1986年5月13日第1版。

［11］ 吴亚芳：《征服沙眼的张晓楼》，《北京日报》1986年5月24日第2版。

［12］ 许波摄：《我国防盲指导组副组长眼科专家张晓楼，最近在河北省正定县为八十余名眼病患者进行了检查治疗》，《健康报》1986年11月11日第1版。

［13］ 瑞峰：《无私严谨作舟梯——访医界著名眼科专家张晓楼教授》，《青春岁月》1987年第4期，第30—31页。

［14］ 程莉：《让光明充满人间——记张晓楼的治学行医之道》，第166—197页。

［15］ 庄建、张小弟、吴超英：《眼科巨擘将毕生献给医学，死而后已，让光明充满人间——同仁医院眼库倡导者张晓楼捐出角膜》，载《光明日报》1990年9月20日第1版。

［16］ 杜金香：《智慧之光——记医学教育楷模的治学行医之道》，北京：科学出版社，2001年。

［17］ 赵蓓蓓：《留下光明在人间》，《人民日报》1991年3月9日第2版。

［18］ 刘隽湘：《医学科学家汤飞凡》，北京：人民卫生出版社，1998年。

［19］ 胡铮：《罗宗贤传略》，《中华眼科杂志》1981年第17卷，第6期，第378页。

［20］ 张凤莎：《张晓楼教授捐献眼球，生前倡导建立眼库并身体力行》，《科技日报》1990年9月21日第1版。

［21］ 艾笑：《眼科巨擘捐出眼球角膜，张晓楼成为同仁眼库第一位角膜捐献者》，《人民日报》1990年9月21日第4版。

［22］《教授的眼角膜使两工人复明——著名眼科专家张晓楼教授死后仍造福患者》，《北京晚报》1990年9月22日第2版。

［23］ 中共北京同仁医院委员会、北京同仁医院、北京市眼科研究所：《张晓楼同志生平》，1990年9月26日。

［24］ 钟卫宁：《著名眼科专家张晓楼逝世》，《北京日报》1990年9月28日第1版。

［25］ 薛铁军：《接受张晓楼教授角膜，北京两工人复明出院》，《工人日报》1990年11月6日。

［26］ 高燕茜：《永放光明的眼睛》，《人民日报》1990年11月13日第1版。

［27］ 宋红星、张建枢：《让光明充满人间——记著名眼科专家、共产党员张晓楼教授》，《支部生活》1990年第12期。

［28］ 王德泉、关洁：《难忘的时刻》，《科技发展与改革》1991年第2期。

［29］《人民日报》“编者的话”：《死而不已，造福人类》，《人民日报》1991年3月19日。

[30] 《市领导表示志愿身后捐献眼角膜，北京同仁眼库董事会今天成立，并深切哀悼张晓楼教授》,《北京晚报》1991年4月4日第1版。

[31] 钟卫宁:《把光明作为对世界的高尚遗赠——979人志愿身后捐献眼球，同仁眼库理事会成立》,《北京日报》1991年4月5日第1版。

[32] 关春芳:《同享光明》,《北京日报》1991年4月5日第2版。

[33] 中共北京同仁医院委员会、北京同仁医院、北京市眼科研究所:《无私奉献造福盲人——记张晓楼同志光辉的一生》,《北京卫生政工研究》1991年6月10日，第2—3页。

[34] 张蒲:《悼念我们最亲爱的爸爸》,《北京卫生政工研究》1991年6月10日，第4页。

[35] 张敬娥:《悼念张晓楼教授》,《北京卫生政工研究》1991年6月10日，第5页。

[36] 关洁:《春蚕到死丝方尽”——眼科专家张晓楼教授的无私奉献精神》,《北京卫生政工研究》1991年6月10日，第5页。

[37] 王葆生:《让光明充满人间》,《录像片解说词》。

[38] 首都医科大学附属北京同仁医院等:《光明使者——张晓楼》,《播撒光明的人们》2004年11月2日。

附录

附录1　张晓楼生平（1914—1990）

1914年出生于河北省正定县

1932—1953年　就读于原北平燕京大学医预系　获理学学士学位

1935—1940年　就读于原私立北平协和医学院　获博士学位

1940—1942年　任原私立北平协和医院眼科医生

1942—1946年　任正定同康医院眼科医生

1946—1960年　任北京同仁医院眼科主任

1950—1953年　任北京协和医院眼科副教授（兼职）

1953—1965年　任北京协和医学院教授（兼职）

1954—1958年　任北京同仁医院副院长

1959—1975年　任北京市眼科研究所副所长

1975—1985年　任北京市眼科研究所所长

1985年　任北京同仁医院技术顾问

1985年　任北京市眼科研究所名誉所长

1980年　任世界卫生组织防盲咨询委员

1988年　任世界卫生组织中国防盲合作中心主任

历任中华医学会职务

1950年　任中华医学会眼科学分会　中文秘书

1952年　任中华医学会眼科学分会　副主任委员

1956年　任中华医学会眼科学分会　副主任委员

1965年　任中华医学会眼科学分会　第六任主任委员

1979—1984年　任中华医学会眼科学分会　第七任主任委员

任中华医学会常务理事

任中华医学会科普工作委员会副主任

任《中华眼科杂志》主编、总编辑

附录2　张晓楼发表的论著题录

[1]　Francis. H，Adler M.D，李荣德等译，张晓楼等校：《盖氏眼科学》，中国人民革命军事委员会总后方勤务部卫生部，1950年。

[2]　Hsiao-lou Chang（张晓楼）. A Statistical Study of 13807 Eye Patients with Especial Reference to Trachoma and Primary Glaucoma [J]. *Chin Med* J. 1951 July-Aug: 69 (7-8): 341-9.

[3]　张晓楼：《一九四八年同仁医院眼科病人之统计分析》，《中华医学杂志》1952年第38卷第1期。

[4]　张晓楼：《原发性视网膜色素变性合并青光眼》，《中华新医学报》1952年第3卷第4期，第4页。

[5]　同仁医院眼科：《眼科学（中医进修讲义）》，北京：医务生活社，1952年。

[6]　张晓楼：《眼科手术学（讲义）》，北京：中国协和医学院，1954年。

[7]　同仁医院眼科：《眼科学（军医参考书）》，北京：人民军医社，1955年。

[8]　张晓楼：《眼压计及其标准化》，《中华眼科杂志》1955年第4期，第306—314页。

[9]　张晓楼、张敬娥：《日蚀性视网膜灼伤》，《中华眼科杂志》1956年第3期，第193—197页。

[10]　汤飞凡、张晓楼、李一飞等：《沙眼病原研究Ⅰ：沙眼包涵体的研究》，《微生物学报》1956年第4期，第1—14页。

［11］ 汤飞凡、张晓楼、李一飞等：《沙眼病原研究Ⅱ：猴体传染试验》，《微生物学报》1956年第4期，第15—24页。

［12］ 李一飞、卢宝兰、张晓楼等：《沙眼病原研究Ⅲ：病毒分离试验》，《微生物学报》1956年第4期，第25—32页。

［13］ 汤飞凡、张晓楼、黄元桐等：《沙眼病原研究Ⅳ：接种鸡胚，分离病毒》，《微生物学报》1956年第4期，第189—210页。

［14］ 汤飞凡、张晓楼、黄元桐等：《沙眼病原研究Ⅴ：沙眼病毒分离技术的改进》，《中华医学杂志》1956年第43卷，第81—86页。

［15］ Tang Fei-fan, Chang Hsiao-lou, Huang Yuan-tung, et al. Studies on the Etiology of Trachoma with Special Reference to Isolation of the Virus in Chick Embryos [J]. *Chinese Medical Journal*, 1957, 75:429-447.

［16］ Chang Hsiao-Lou.Bacterial Flora of Normal Conjunctiva [J]. *Chinese Medical Journa1*, 1957, 75: 233-235.

［17］ Tang Fei-fan, Huang Yuan-tung, Chang Hsiao-lou, and Wong Kai-chien. Isolation of Trachoma Virus in Chick Embryo [J]. *Journal of Hygiene, Epidemiology, Microbiology and Immunology*, 1957，I 109.

［18］ 张晓楼：《正常结膜囊的细菌培养》，《中华眼科杂志》1957年第2期，第109—111页。

［19］ 汤飞凡、张晓楼、黄元桐等：《关于沙眼病毒的形态学，分离培养和生物学性质的研究》，《中华眼科杂志》，1958年第1期，第7—10页。

［20］ 张晓楼、金秀英、王克乾：《分离培养的沙眼病毒人体感染观察》，《中华医学杂志》1960年第46卷，第25—28页。

［21］ Chang Hsiao-lou, Chin Hsiu-ying, Wang Ko-chien. Experimental Trachoma Produced in Human Volunteers by Cultured Virus [J]. *Chinese Medical Journa1* 1960, 80: 214-221.

［22］ 张晓楼、金秀英：《预防措施方面对沙眼病毒的实验研究》，《中华医学杂志》1962年第12期，第1775—1777页。

[23] Chang Hsiao-lou, Chin Hsiu-ying. Studies on Trachoma Virus with Various Physical and Chemical Agents for Prophylaxis [J]. *Chinese Medical Journal* 1962, 81: 779-783.

[24] 张晓楼参编、陈耀真主编：《眼科学（外眼病部分）》，北京：人民卫生出版社，1962年。

[25] 张晓楼、金秀英：《沙眼病毒动物感染范围及药物敏感性的实验研究》，《中华医学杂志》1962年第48卷，第418—423页。

[26] 张晓楼、金秀英、王克乾：《沙眼免疫问题的研究》，《中华医学杂志》1963年第49卷，第751—758页。

[27] Chang Hsiao-lou, Chin Hsiu-ying, Wang Ko-chien. Experimental Studies on Trachoma Vaccine in Monkeys [J]. *Chinese Medical Journal*, 1964, 83: 755-762.

[28] 张晓楼、张敬娥：《我国沙眼病毒研究和防治工作的成就》，北京科学讨论会论文集，1964年，第179—191页。

[29] 张晓楼、金秀英、王克乾：《沙眼疫苗实验进一步研究》，《中华眼科杂志》1966年第13卷，第75—77页。

[30] 北京市眼科研究所微生物室：《猴沙眼局部免疫实验观察》，《北京工农兵医院资料汇编》，1974年，第1—4页。

[31] 北京市眼科研究所微生物室：《沙眼治疗药物筛选及临床观察》，《北京工农兵医院资料汇编》，1974年，第11—17页。

[32] 工农兵医院眼科：《眼底病》北京：人民卫生出版社，1978年。

[33] 金秀英、张晓楼、张文华等：《沙眼发病机理的探讨》，《中华医学杂志》1980年第60卷第5期，第259—262页。

[34] 张晓楼：《各国盲人调查及国际防盲工作近况》，《国外医学眼科分册》1981年第1卷，第1页。

[35] 张晓楼等：《关于当前手术治疗屈光不正的意见》，《国外医学外科分册》1983年第7卷，第257页。

[36] 张晓楼等:《北京远郊区农村盲人及眼病的患病率》,《中华眼科杂志》1984年第20卷,第99—102页。

[37] 孙宝忱、张晓楼等:《北京远郊区农村的视力调查》,《中华眼科杂志》1984年第20卷,第355—359页。

[38] 张晓楼等:《眼科学外眼病部分》(高等医学院校教材),北京:人民卫生出版社,1984年。

[39] 张晓楼:《眼科百科全书沙眼部分》,上海:上海科技出版社,1984年。

[40] 张晓楼:《中华医学会眼科学会第三届学术会议开幕词》,《中华眼科杂志》1985年第21卷,第65—66页。

[41] 张晓楼参编、钟惠澜主编:《热带医学(衣原体病篇)》,北京:人民卫生出版社,1986年。

[42] 张晓楼:《我国的防盲工作》,《实用眼科杂志》1986年第4卷,第450—454页。

[43] 李茜、金秀英、张晓楼等:《春季卡他性角结膜炎的免疫学初步探讨》,《中华眼科杂志》1988年第24卷第2期,第94—97页。

[44] Chin HY, Chang HL, Hang WH, Wang HL, Sun HL, Chao W, and Luo SY. Pathogenesis of Trachoma [J]. *Jpn. J. Ophthalmol.*, 1980, 24: 282-288.

[45] 戎冰兰、金秀英、张晓楼等:《泪液溶菌酶测定5个眼病的诊断》,《中华眼科杂志》1984年第20卷,第228页。

附录3　张晓楼实验研究报告题录

［1］　北京市眼科研究所：《血清学试验》，1955年至1957年。

［2］　北京市眼科研究所：《沙眼皮肤试验抗原制造记录》，1957年5月20日。

［3］　张晓楼：《沙眼病毒的电子显微镜观察》，1958年。

［4］　张晓楼、金秀英、王克乾：《沙眼局部免疫猴体实验观察》，1963年5月8日。

［5］　汤飞凡、黄元桐、王克乾、张晓楼：《沙眼病毒的研究》，1964年1月。

［6］　张晓楼：《沙眼病毒实验研究——药物筛选和预防措施》，访问朝鲜用稿，1965年11月。

附录4　张晓楼部分科普文献题录

［1］　张晓楼：《怎样保护眼睛》，《卫生宣传工作》1955年第9期，第21页。

［2］　张晓楼：《评价“眼底病图谱”》，《医学书刊评价》1955年第10期，第9页。

［3］　张晓楼：《积极防治沙眼》，中华全国科学技术普及协会，1956年6月。

［4］　张晓楼：《色盲》，《中学生》1956年第9期，第32页。

［5］　张晓楼：《爱护我们的眼睛》，《农村青年》1957年第1期，第18页。

［6］　张晓楼：《谈谈近视》，《讲卫生》1957年第10期，第8页。

［7］　张晓楼：《照明与健康》，《中国纺织工人》1957年第14期，第10页。

［8］　张晓楼：《怎样保护儿童的眼睛》，北京：科学普及出版社，1958年。

［9］　张晓楼：《雀蒙眼》，《农村青年》1958年第7期，第35页。

［10］张晓楼：《预防近视》，《中学生》1959年第12期，第53页。

［11］张晓楼：《预防儿童眼睛近视》，《中国妇女》1960年第1期，第30页。

［12］张晓楼：《常见眼病的预防》，电台广播《医学顾问》1960年12月12日。

［13］张晓楼、金秀英：《沙眼研究的最近进展》，《医学科学专题综合资料》1962年。

［14］张晓楼、张敬娥：《我国沙眼病毒的研究和防治工作的近况》，《科学通报》1965年1月号，第47页。

［15］张晓楼：《保护好你的眼睛》，《体育报》第2版，1977年11月9日。

[16] 张晓楼:《百万白内障盲人亟待复明》,《全国防盲简报》第1期，1987年2月10日。
[17] 张晓楼:《愿老年白内障病人重见光明》，中央电视台《生活与健康》1989年4月6日。
[18] 张晓楼:《先天性白内障》，中央电视台，1989年8月。

附录5　张晓楼发表的文章

保护好你的眼睛

张晓楼

眼睛是非常宝贵的，认识客观世界离不开眼睛。如果视力不好，对学习和工作都会有很大的影响。特别是在实现四个现代化中，观察仪表、操作机器，都需要精细的视力。学文化、向科学技术现代化进军，也要有好的视力。青少年正在发育时期，眼睛是一个精细娇嫩的器官，在这个时期不注意保护它，正确地使用它，就容易发生异常。所以，我们要贯彻“预防为主”的方针，使整个身体包括眼睛在内健康的发育成长。

眼睛是全身的一部分，有健康的身体才能有健康的眼睛，特别是在青少年发育时期，各个器官都在发育，一定要加强体育锻炼，注意全身的健康。其次，要正确地使用眼睛，防止近视。儿童的眼睛一般是由远视逐渐变为正视。但是，如果不注意用眼卫生，就容易发展成为近视。青少年写字读书的姿势要端正，不要趴在桌子上或扭着身子。桌子和椅子的尺寸应该合乎标准，使书本与眼睛能够保持一市尺左右的距离。看书写字或工作的地方，应当有足够的照明，光线要从左方照射进来。不宜直接在太阳光下阅读，因为那样的光线对眼睛的刺激太厉害。也不要在太暗的地方看书，在弱的光线下，要看的东西不清楚，就要把书拿得很近，用力去看，容易造成近视。读书四、五十分钟，就应当休息几分钟。所谓休息，并不需要闭着眼睛，只要暂时不看近处的小东西，如书报上的字体，就可以了，不要等到眼花头昏时才去休息。在课间类时要坚持做眼的保健操，它可以使眼睛松弛，防止近视。

还有些人喜欢躺着看书，这个习惯不好，因为躺着的时候，照明很难适宜，眼睛同书的距离也不能保持正常，增加眼的负担。在行走的汽车或电车上看书也不好，因为车身颠动，不能注视，勉强去看，就很费力。还有看电视的时候，不要离萤光屏太近，在一米半至二米以外为宜。在看完电视后，向远处看一会，或者做一下眼保健操，也能起到保护视力，预防近视的作用。

眼睛是一个娇嫩的器官，经不起外伤，俗话说：“眼里容不下沙子”。青少年的眼外伤，都是在玩耍或劳动中发生的。比较常见的象打弹弓子，把眼睛打伤了，在小瓶里装炸药、石灰等爆炸时伤了眼睛，或者每逢年节时，放鞭炮崩坏眼睛，还有在劳动作业中用针、刀子、剪子或竹竿等锐器，不小心扎伤眼睛。所以使用这些工具时，一定要小心。有的不小心把石灰或其他化学药品溅到眼里，烧伤眼睛，发生了这种情况，应当马上用冷水冲洗，及时到医院检查治疗。

青少年是祖国的未来，在德智体全面发展中，要保护好眼睛，使自己有一双明亮、敏锐的眼睛，为将来做无产阶级革命事业接班人做好准备。

《体育报》第2版，1977年11月9日

眼球的故事

记中斯友谊

八月十四日夜晚，灯火辉煌的首都体育馆里欢声阵阵。普雷马达萨总理代表斯里兰卡儿童向中国儿童赠送小象的仪式正在这里举行。就在这个欢乐的集会上，普雷马达萨总理会见了特意被引来同他见面的四位中国朋友：六岁的男孩柏军，十岁的女孩张燕，以及二十五岁的绘图工人孙宏伟和三十二岁的铁路工人白长久。他们都是在双目几乎失明的情况下，用斯里兰卡朋友送来的眼球治好了眼病才重见光明的。

普雷马达萨总理见到这四位中国朋友时非常高兴。他拨起了柏军和张燕的手，又抚摸着他们的小脸，还伸出手指在孩子们面前比划着，问他们能不能看清楚。柏军和张燕笑着说出了总理伸在他们面前的手指的数目。这友谊的一幕，引起了在场中斯两国朋友的一片欢笑声。李先念副总理也赞扬说：治得很好！

柏军和张燕过去都因患先天性角膜叶瘢一眼基本失明。经过切除肿物和用斯里兰卡眼球进行角膜移植手术后，他们的视力已显著提高，张燕的视力已达一点五。西安钢铁厂的绘图工人孙宏伟，因患疱疹性角膜炎，几乎看不清放在眼前的手指。在用斯里兰卡眼球进行穿通性角膜移植手术后，他又重新有了一双明亮的眼睛。会见的时候，他把自己写的一首题为《重见光明颂友情》的诗，送给了普雷马达萨总理。

来自斯里兰卡的眼球治好了中国的失明者，这里有一段动人的友谊故事。

去年十一月八日，北京工农兵医院院长张晓楼接到斯里兰卡献眼协会主席赫德森·席尔瓦医生一封热情的来信。原来，席尔瓦医生从一位访问过中国的美国医生那里，听说中国目前缺乏为某些失明患者进行眼角膜移植的材料。他表示愿意向工农兵医院免费提供一批眼球。他说：“这是我们两国间友谊的象征。”

席尔瓦是科伦坡眼科医院的著名眼科医生。他早在一九五七年就开始做眼角膜移植手术。接受这一手术的患者，有的是由于眼球前端的角膜有某种缺陷或损伤而导致失明，有的是儿童因营养不良造成角膜混浊而失明。角膜移植手术，是将病眼的角膜取出，换上健康的角膜以恢复视力，而健康的角膜可以在人死后六小时内取得，经冷冻和保存在药液中供需要时使用。为了获得健康的角膜，席尔瓦医生在一九五八年时呼吁斯里兰卡各界人士在自己死后捐献眼球。他的呼吁获得了热烈响应。一九六一年，他发起成立了斯里兰卡献眼协会，一九六五年又建立了斯里兰卡国际眼库。这个协会目前已经向近四十个国家提供了五千多个眼球，使众多的患者重见了光明。北京是斯里兰卡献眼协会赠送眼球的第八十个城市。他们共赠送了九个眼球给北京工农兵医院。

今年五月十七日中午和晚上，九个眼球从斯里兰卡分二批送到了北京工农兵医院。这些眼球大都是在人死后一个半小时就摘出的，非常新鲜。斯里兰卡朋友的深情厚谊使工农兵医院的医护人员深受感动。就在收到眼球的当天下午和晚上，他们连续为二名病人施行了角膜移植手术，手术效果都很好。这是我国第一次用外国友人的眼球角膜为患者治疗，在眼科医学史上谱写了一页友谊的篇章。目前，工农兵医院已用斯里兰卡国际眼库送来的这九个眼球的角膜，顺利地为六名患者进行了角膜移植手术。

中斯两国人民的友谊从来是深厚的。就在普雷马达萨总理会见这四名中国患者的时候，工农兵医院的院长张晓楼把一本记载这六位病人手术前后不同情况的照像册赠送给了普雷马达萨总理。打开像册，第一页上写着一句这六名患者和中国医务人员的心里话：“中斯友谊万岁”。

新华社记者　朱敏之（本报有删节）

色盲

張曉樓

有些同学检查身体时，發覺自己是色盲，心里很恐慌，写信来問：色盲到底是怎么回事？怎么会患色盲的？有沒有治疗的方法？会不会影响学習和工作？

色盲就是不能分辨顏色。有些人任何顏色都不能分辨。他們看到的世界只是黑、白、灰，就像普通人看沒有彩色的电影一样。这种人患的是全色盲。他們的視力也往往很坏。患全色盲的人很少，比較多的是患部分色盲。患部分色盲的人，最常見的是紅綠色盲，他們的視力並不差，却不能分辨紅色和綠色。也有人患藍紫色盲，不能分辨藍色和紫色，这是很少見的。还有些人在明亮的地方能分辨出鮮明的紅色和綠色，但是顏色淡一些，或者光線暗一些，就分辨不出。他們的色盲又有程度上的差別，所以叫色弱。

普通人能看見七种顏色的光，就是紅、橙、黃、綠、藍、靛、紫，所以看到的世界是五光十色，鮮艷美麗的。这七种色光又可以归納成三种基本色光：紅、綠、藍。各种色光就是这三种基本色光混合成的。

我們眼球內的視網膜上有兩种感光細胞：一种叫桿狀細胞，感光的能力很强，可是只能区別明暗，不能辨別顏色；一种叫錐狀細胞，能辨別顏色。对於三种基本色光，也有相应的三种不同的錐狀細胞。每一种錐狀細胞只能感受一种基本色光的刺激。要是感受紅光或綠光的錐狀細胞在功能上沒有發育好，这个人就成为紅綠色弱或紅綠色盲。要是三种錐狀細胞全沒有發育好，这个人就成了全色盲。

患色盲的男子比女子多。現在只知道色盲是会遺傳的（这不是說，父亲或母亲患了色盲，兒女一定也患色盲。遺傳的規律並不这样简單），还不知道为什么会發生色盲，也沒有有效的治疗办法。

有些工作，患色盲的人是不适宜做的。象做交通运輸工作，如果不能辨別紅色或綠色的信号，就要出亂子；又象做美术工作，对各种顏色的感覺要分外敏銳，患色盲的人当然也不能做。这一类專業学校，並不招收患色盲的人。其它象做化学分析，要分辨指示劑的顏色；做医疗工作，要看显微鏡下面的染色切片；对患色盲的人来說，也是有困难的。

患色盲的人也不必耽心。虽然有些專業，你們是不适宜学習的。但是还有很多專業，对辨別顏色的要求並不严格，你們將来还是可以学的，象文学、音乐、历史、政治、財經等等。祖国在各方面都需要大批人才。每个同学都可以根据自己的身体条件选擇自己爱好的工作，为祖国的建設貢献出自己的最大的力量。

中学生
月刊
一九五六年第九期
（总第二九七期）
编輯者：中学生月刊編輯委員会
地址：北京东四12条老君堂11号
出版者：中国青年出版社
地址：北京东四12条老君堂11号
印刷者：北京印刷一厂
总發行处：郵电部北京郵局
訂閱处：全国各地郵局
代售处：全国各地新华書店
出版日期：每月三日出版
定价：每册一角三分
印数：201,340

《中学生》1956年第9期

爱护我们的眼睛

同仁医院副院長
眼科主任大夫　張曉樓

王裕泉插圖

當孩子出麻疹的時候

我看的病人里，大都是小时候出疹子沒护理好，才把眼睛搞坏的。所以，孩子出疹子时，要特別注意保护眼睛。

光綫过不去

人的黑眼珠，看起來烏溜溜的。其实，黑眼珠外面，包着一層通明透亮的薄膜，叫角膜。黑漆漆的顏色，是角膜里面的一層虹膜透过來的。虹膜中間，有个小孔，叫瞳孔。健康的人，光綫穿过角膜，經过瞳孔，再刺激視神經，告訴給大腦，人就看見东西了。要是角膜有了毛病，光綫透不过去，那眼睛不就瞎了嗎？

养料缺一种

孩子出疹子，角膜最容易鬧毛病。原來，一个人能夠生活，全靠把各种养料，不断供給細胞消耗，一批細胞老了，死了，一批細胞分裂，長大，成了新細胞，这叫“新陈代謝”。角膜也是一样，它新陈代謝时，需要一种叫“維生素甲”的养料。正常的孩子，一天只需要兩千个單位維生素甲，可是，出疹子时，孩子發高燒，身体各部分新陈代謝的速度加快了，需要的維生素甲就特別多。

这时候，要是維生素甲供不上，慢慢地，角膜就变模糊，看东西不清楚，更厉害一些，外面的光綫穿不过去，这样，孩子的眼睛就瞎了。

怎么知道少了

有的孩子，疹子出过就好了，有的出过疹子，眼睛并不痛，却看不見了。大家一定会問：这是怎么回事，怎么才知道是缺少維生素甲呢？我告訴你，疹子出來后，只要仔細看一看，要是孩子的眼睛發干，發澀，眼泪少，白眼珠上，出現一片灰白色的东西，那就証明，孩子缺少維生素甲，已經很厉害了。

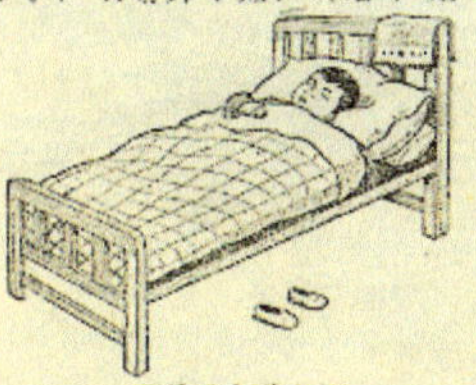

干淨毛巾准备好

办法很簡單

缺了維生素甲，治療办法倒很簡單，只要孩子出疹子时，多吃一些含維生素甲的东西就行了。現在，我把農村可以吃的几种东西，含維生素甲多少开在下面：

名　　稱	重量	含維生素甲單位
胡蘿卜	四兩	3000—12000
鷄　蛋	一个	1000—2000
倭　笋	四兩	1000—8000
肝	四兩	7000—20000

要注意淸洁

孩子出疹子，眼睛發炎，怕光流泪，抵抗力弱。这时候，要是細菌跑進去，角膜發炎厉害了，眼睛就更容易坏掉。所以，出疹子时，最好找塊手巾或布，用肥皂洗淨，晒干，放在床边，孩子流泪，擦眼睛，用起來很方便。

小小照相机

每个人，都有兩架“照相机”，就是你的兩只眼睛。要把照相机能照相的道理講淸楚，可不容易。

簡單的說，光綫透过角膜，瞳孔，晶狀体，玻璃体，就能把外面东西的大小，形狀，顏色，象放电影一样，映在視网膜上，通过視神經，告訴大腦，于是，人便看到外面的东西了。

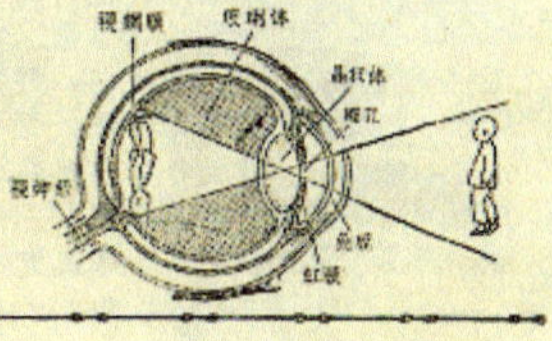

《农村青年》1957年第1期

1986年3月21日　星期五　第二版

名医谈医德

要有科学的求实精神

北京同仁医院眼科教授　张晓楼

各行各业都有一个职业道德的问题，医生的医德更重要。我们医生的职责就是救死扶伤，发扬革命的人道主义。急病人之所急，痛病人之所痛，富于同情心，这些对一个医生来说是起码的要求。还有一个责任感的问题，医生的职责就是治病救人。有了这个责任感，工作就不会马马虎虎，草率行事。

医疗卫生事业不同于别的行业，出不得废品，不能不懂装懂，一定要尊重科学，实事求是。所谓专家，只是在很小的范围里比别人知道得多一点，经验丰富点。我现在挂牌门诊，很多人慕名而来。而我只是对传染性的眼病，如角膜炎、沙眼、细菌性病毒性的眼疾病等有点研究，在门诊中遇到涉及眼科其它专业的，我也请别的大夫来会诊。总之，自己有把握的就诊断、治疗，有疑问的，就应该请教别人。

社会主义国家的医生还应该经常想到预防为主，对家庭、对社会也要负起责任。比如在门诊看到红眼病患者多了，就应该主动报告疫情，提醒卫生防疫部门注意。哪个工厂外伤的人多了，就应该和厂里联系让他们注意安全生产。

对病人要一视同仁

中国医学科学院阜外医院冠心病研究室研究员　陈在嘉

医生应该全心全意为病人服务，让病人放心，同时要钻研业务。我曾经遇到一个从新疆来的病人，他胸疼，有的大夫诊断为冠心病，有的大夫又说他是心肌病，他自己看了不少书，作了不少检查，可还是无所适从。他来找我好多趟才找到我，我觉得有必要给他讲清楚，不能简单回答，于是耐心给他解释，告诉他各种检查综合起来考虑还是属于心肌病，并找出资料给他看。这样诊断统一了，治疗也就有了信心，他终于放心了。

（续昨）

做大夫要设身处地为病人方便考虑，特别是门诊，你应该考虑周全，不能让病人老跑门诊，要尽自己的能力帮助他们。

对病人一视同仁很重要，不管是认识的还是不认识的，都应该从病情出发，对病人负责。现在有些医生对同自己科研课题有关的病人重视，对一般病人马虎，我认为这种“爱病不爱人”的现象是品德问题。当大夫对待科研病人和对待一般病人应该一视同仁，同样负责任，这是一个大夫起码的职业道德。

北京同仁医院的张晓楼是眼科教授，可他在门诊时总是小心翼翼，一点不马虎，他说——

医生的工作出不得废品

医疗卫生事业不同于别的行业，出不得废品，不能不懂装懂，一定要尊重科学，实事求是。所谓专家，只是在很小的范围里比别人知道得多一点，经验丰富点。我现在挂牌门诊，很多人慕名而来。而我只是对传染性的眼病，如角膜炎、沙眼、细菌性病毒性的眼疾病等有点研究，在门诊中遇到涉及眼科其他专业的，我也请别的大夫来会诊。总之，自己有把握的就诊断、治疗，有疑问的，就应该请教别人。

社会主义国家的医生还应该经常想到预防为主，对家庭、对社会也要负起责任。比如在门诊看到红眼病患者多了，就应该主动报告疫情，提醒卫生防疫部门注意。哪个工厂外伤的人多了，就应该和厂里联系让他们注意安全生产。

全国防盲简报

第 1 期

全国防盲指导组办公室编印　　1987.2.10

百万白内障盲人亟待复明

全国防盲指导组付组长　张晓楼

自新中国成立以来，随着人民生活的改善，医疗卫生设施的提高以及眼科工作者的努力，防盲治盲工作取得了显著的成果。在旧中国，人民在饥饿线上挣扎，疫病流行。解放初期全国各地盲目原因的调查，莫不以沙眼为首位，其次是营养不良性角膜软化，淋菌性角膜溃疡等所致的角膜混浊等。随着社会经济文化卫生的发展，传染性眼病被控制了，营养不良症基本消灭了。眼科病人的构成发生了很大的改变。

根据近几年（80年代）全国不少地区的盲人调查分析，我国现在的盲率为0.31%，估计全国有双盲人400多万。各地调查结果都是女性略多于男性，单眼盲约为双眼盲的一倍。在致盲原因中约60%是可治或可防的。从年龄分析，50岁以上的老年人占大多数。

盲目原因各地虽有差异，但几乎都是以老年性白内障为首要原因。一方面由于传染性眼病的控制，同时也由于人民寿命的延长。白内障是老年性眼病，解放前人均寿命只有35岁，而现在则达70岁了。估计现在全国由于老年性白内障所致的盲人，总数在100万以上，这是一个多么触目惊心的数字！

我们知道，白内障虽不能予防，但手术治疗白内障是眼科医生的拿手好戏。特别是由于眼科刀剪针线的改进，抗菌素的应用，对白内障的手术效果有了很大的把握。显微手术及人工晶体姑且不论，一般手术后配戴合适的眼镜，视力可以恢复正常，工作和阅读可以和正常人一样。

那么，一百多万白内障的盲人为什么不去治疗，而仍在黑暗中摸索过活呢？原因有两个方面：一是经济的，一是文化的。现在我国约有一万名眼科医生，为十亿人民服务是很不够的。这些医生大多集中在较大城市。当前县级医院眼科的设备及人力多数不能解决白内障的手术。这就使得多数农民不能不去大城市治疗。虽然白内障的手术费不过20元，住院费也不贵，但一个老年盲眼农民到城市去治病，困难重重，必须有人陪伴，这样一来花费就大得多了。现在农民确实比以前富裕了，但是那样兴师动众，花费大，加上城市里看病难，住院难，使农民更是望而生畏。另外一个原因可以说是文化知识的不足。不少老年病人认为七老八十

的人，视力下降以至失明是自然规律，不知道白内障是可治之病。这样使很多老年人，虽然在工作上有丰富的经验，老年成了瞎子，生活还要依靠别人，还怎么能谈得上发光发热呢？

根据了解，估计当前每年全国进行白内障手术，不超过45000例。以这样的速度，到何年何月才能解决积压的病人呢？何况随着岁月的推移，新的病例还在不断的发生。面对这样的事实我们应采取积极措施：

一、组织农村眼科医疗队

解放以来眼科工作者在农村里做了大量的防盲工作，获得了广大农民的好评。可惜当时没有全国性计划，更没有统一的标准和方法，事倍功半，也没有总结。1984年卫生部成立了全国防盲指导组，统一了规划。各省市自治区也相继成立了省级防盲指导组。不少省市已经完成了当地眼病流行病学抽样调查，摸清了情况。这样就为治盲打好基础，组织好农村眼科医疗队，以治盲为主，如白内障，内翻倒睫等手术，立竿见影，当时见效。当然其他眼病也应给予治疗。这样做不仅获得了社会效益，也同时培训提高了县乡级的眼科医生业务。当然也要宣传眼科的防治常识。如果能设计防盲手术车，当更方便。

二、加强县医院眼科建设

我国每县的人口多少不一，多数县在25万至50万之间。这样众多的人口中，每县应有一个健全的眼科，在人力及设备上，除诊断治疗一般眼病外，应能够手术治疗白内障，青光眼等。达到这样水平的县医院，目前全国尚远不及半数。很多白内障病人得不到应有的治疗，这是一个主要原因。眼科工作者应当感到培养县医院的眼科医生是我们的责任，卫生行政部门则应当支持县医院眼科建设。

三、大力开展科普宣传

我国文化落后，科普的媒介很少。一般人对医学知识特别是眼病常识，很是缺乏。我们要经常宣传眼的卫生，眼病防治的知识，以免贻误。

联合国为了推动残疾人的工作，确定1983～1992年为"残疾人十年"。我国政府支持这个活动，并成立了相应的中国组织委员会。乔石同志在会上讲的很好："残疾人事业必须与经济发展协调进行，即不能超越，也不能落后于经济的发展。当前要强调的是，残疾人事业还没有得到应有的重视，还落后于经济的发展。"我国现有100万可治的盲人白内障患者，他们是社会主义建设的高手，但是仍然在黑暗中摸索生活，这是多么大的损失。我们完全有能力使他们"脱盲"、"脱残"，携起手来共同发展四化。愿眼科同志们共同奋起！

《全国防盲简报》第1期

附录6　张晓楼荣获的奖励、奖状、聘书照片

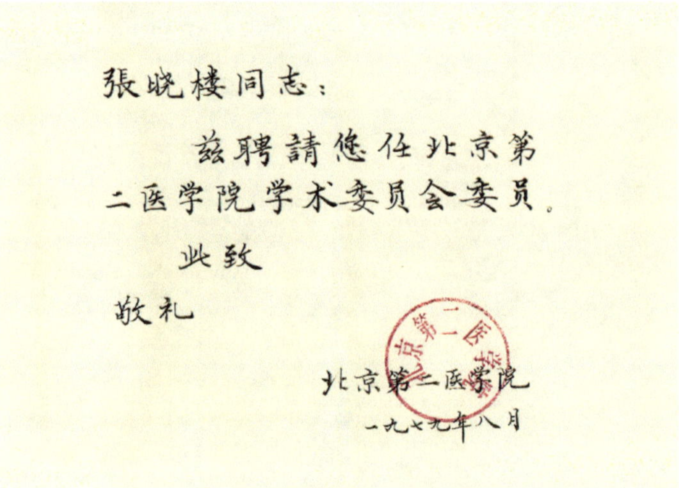

張晓楼同志：

兹聘請您任北京第二医学院学术委员会委员。

此致

敬礼

北京第二医学院

一九七九年八月

聘请为北京第二医学院学术委员会委员　北京第二医学院（1979年8月）

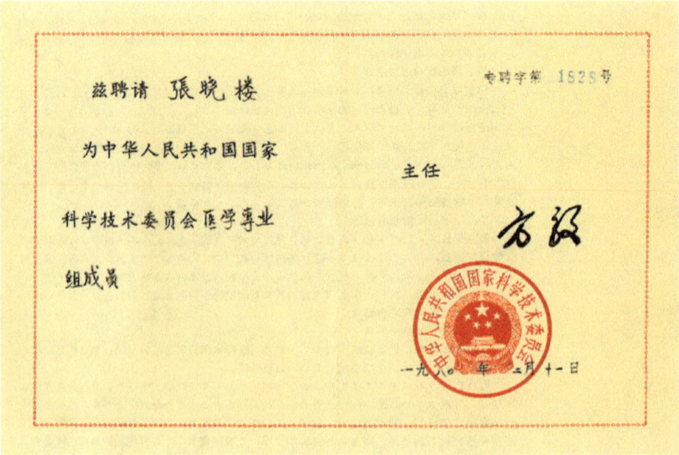

专聘字第 1828号

兹聘请 張晓楼

为中华人民共和国国家科学技术委员会医学专业组成员

主任

方毅

中华人民共和国国家科学技术委员会

一九八〇年二月十一日

聘请为中华人民共和国国家科学技术委员会医学专业组成员（1980年2月11日）

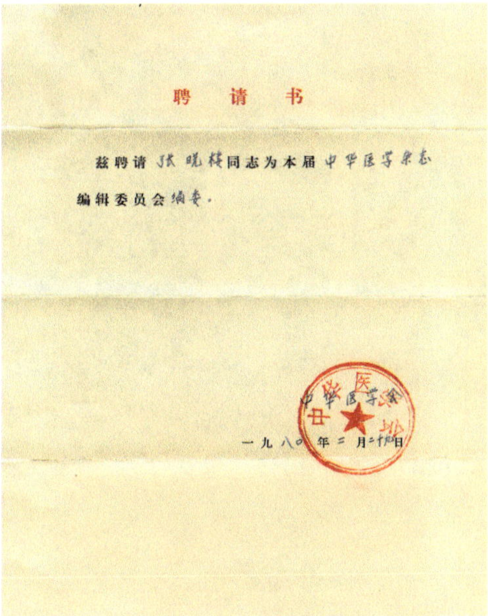

聘请书

兹聘请张晓楼同志为本届中华医学杂志编辑委员会编委。

中华医学会

一九八〇年二月二十九日

聘请为《中华医学杂志》编辑委员会编委（1980年2月29日）

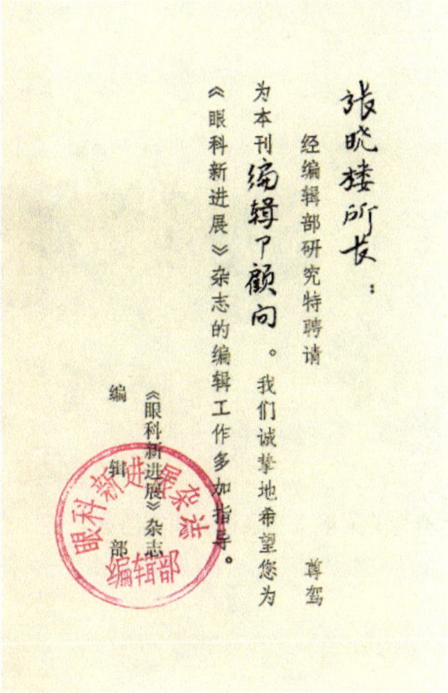

張晓楼所长：

经编辑部研究特聘请尊驾为本刊编辑部顾问。我们诚挚地希望您为《眼科新进展》杂志的编辑工作多加指导。

《眼科新进展》杂志
编辑部

眼科新进展杂志编辑部

聘请为《眼科新进展》编辑部顾问（1980年7月）

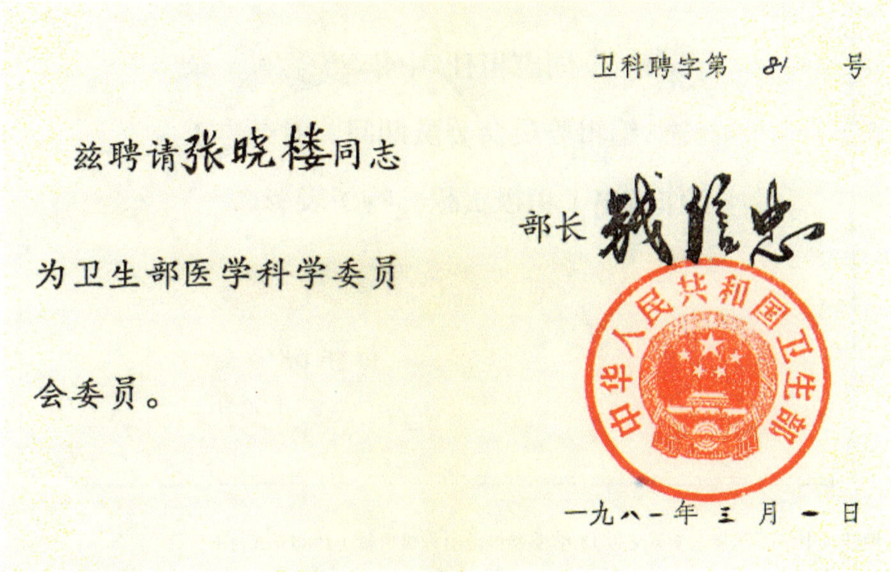

卫科聘字第 81 号

兹聘请张晓楼同志为卫生部医学科学委员会委员。

部长 钱信忠

中华人民共和国卫生部

一九八一年三月一日

聘请为卫生部医学科学委员会委员（1981年3月1日）

聘为美国视觉与眼科学研究协会“荣誉会员”（1984年5月17日）

张晓楼同志担任《中华医学(英文版)杂志》编辑委员会委员期间，对杂志工作做出了积极贡献，特予表彰。

中华医学会

一九八五年三月

担任《中华医学杂志（英文版）》编委委员做出积极贡献（1985年3月）

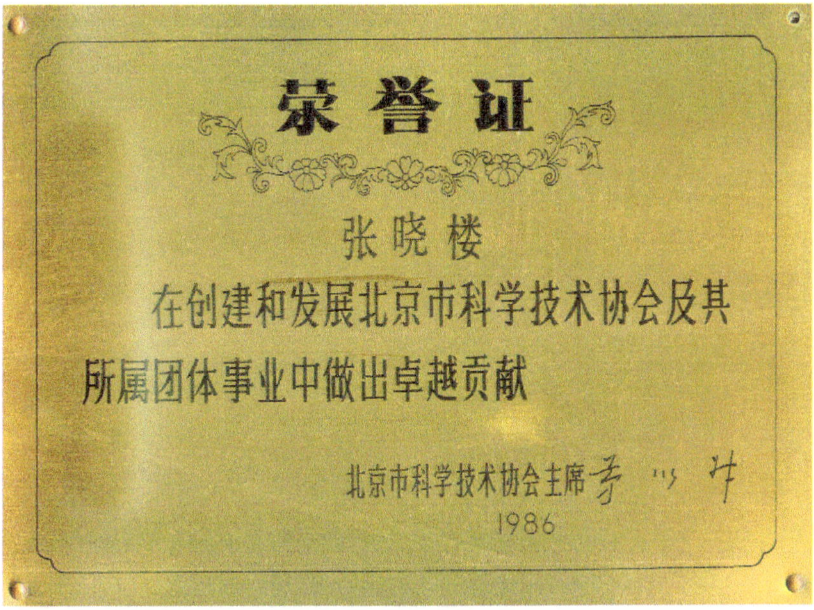

在创建和发展北京市科协等事业中做出卓越贡献（1986年）

《感谢状》（日本眼科医学会会长羽生田进/世界卫生组织失明预防协会中岛章）
（1984年11月5日）

国家自然科学奖章（1982年）

1984年美国视觉与眼科学研究协会授予张晓楼“荣誉会员”

附录7　缅怀我国眼科事业的创业者
——恩师张晓楼教授

一

眼是光明的窗户，是识别世界，获取75%以上信息的重要视觉器官。五十多年来张晓楼教授在眼科医疗、教学、科研、防盲、科普等方面都做出了卓越贡献。我有幸作为他的一名学生亲蒙教诲，终身受益。值此张晓楼教授百年诞辰，我缅怀追忆恩师的言行业绩，愿点滴谈些我的亲身感受和受到的教育启发。

（一）人格教育

张晓楼教授为人坦诚，老实做人。他俭朴无华，不尚安逸，生活上低标准，始终保持着平民本色。他是一位情操高尚、淡泊名利、平易近人的祥和长者，更是一位勤奋有为，把事业追求和人民健康幸福结合起来的专家学者。他在前同仁眼科仅能放置一桌两椅、不到8平方米的主任办公室里筹划奠基了同仁眼科的大发展。同仁眼库成立之日，卧床住院治疗的张晓楼教授亲题了“造福盲人，让光明充满人间”的题词，坦实地抒发了他的心声。3个月后，1990年9月14日张晓楼教授病逝，依照他的生前愿望，他的双眼角膜分别给两名角膜盲工人做了角膜移植手术。他是同仁眼库的倡导者，也是同仁眼库的第一位捐献者。春蚕至死丝不尽，留在人间谱丹心，他以博大的爱心向人民做了最后的贡献。缅忆张晓楼教授一生，他忠诚于自己、忠诚于事业、忠诚于人民、忠诚于祖国、忠诚于党，在他下葬的骨灰盒上，也如实地覆盖上了一面鲜艳的中国共产党党旗。

（二）医德教育

医生的天职是战胜疾病，保卫人民健康。承病人的期望和信任，来同仁眼科就诊的病人很多。20世纪50年代张晓楼主任门诊期间，我曾作为助手，体验、感悟到他亲切接待病人、关爱病人的医生品德。他详问病史，仔细检查治疗，耐心解释病情，交代预后和注意事项，拖班加点，从无敷衍搪塞。他对病人一视同仁，不怕累，不嫌脏。当年眼科门诊患者很多是农民、工人，他们经济条件、卫生条件都很差，病人身上、眼部手术后包扎的绷带上常有虱子爬附。张晓楼教授对此视而不见，仍亲自轻轻地为病人解下绷带，拭去污物，和颜悦色地贴膝俯身为病人检查换药，如同对待亲人般的医患感情和情景，教育着年轻医生应该怎样为病人服务。正如他常说的："病人半夜爬起来排队挂号看病，多难啊！"他对疑难重症从不放过。他说："自己有把握的就诊断治疗，有疑问的就应该请教别人。"通过查找相关文献资料，征求相关专业医生会诊或组织病例讨论会来商讨解决。他在医疗中一贯兢兢业业，认真负责，曾在《人民日报》发表《医生的工作出不得废品》的文章，其中一句写道："医疗卫生事业不同于别的专业，医生的工作对象是病人，出不得废品。"

（三）工作态度

张晓楼教授的一生是以饱满充沛的热情为眼科事业尽心竭力，勤奋工作的一生。他一向早来晚走，以院所为家，全身心投入工作中。他工作上高要求，不讲条件，不畏困难，不辞劳苦。

记得同仁医院扩建后动物房一度迁到城南莲花池，去做动物实验时交通非常不便，须走过一条东西流向的莲花池窄河。当年该河是用钢丝捆扎数根钢管组成一米多宽的“钢管桥”作为临时渡桥，桥的两侧全无扶手，只能单人通过。一般年纪较轻者过桥都要目不旁视，小心翼翼地疾步走过该桥。年近花甲、体胖的张教授在无法相扶的情况下怎么办？他决定自己想办法过桥，居然俯身用手抓钢管，屈膝跪在钢管上，一步步地爬过“钢管桥”。在让年轻人既担心又不忍，既紧张又可笑的情景下，他站起身来拍拍身上、手上的土，若无其事、安然地走向动物房去进行他的实验观察。

另一件事是，之前做沙眼衣原体猴眼感染实验时，承北京市动物园支持此项实验，允许到昌平养猴场，从近期捕捉运京，尚处于隔离期间的猴群里选用。张教授不辞劳苦亲临现场，按要求须身穿只露双眼的隔离服进入钢丝网的猴笼大棚。他进入大棚后，立即惊扰了数十只猴子。猴子四处跑跳，上下腾跃，时而跳到他头上，时而跳到他身上撕咬。在动物园的两位饲养员协助下，才成功用大网将猴子一只只捕捉后做眼部检查。当时的混乱场面真是异常紧张劳累。有一次从养猴场很晚才回到研究所，十分疲惫的张教授竟伏桌呕吐，但次晨依旧按时抵班，工作如常。

（四）治学方面

古训“非学无以广才，非志无以成学”。医生这个职业是需要勤勉学习，不间断地充实提高技能的。据张教授女儿讲，出于责任感、使命感，他习惯深夜读书，从不在12点前休息，每逢周日上午就骑车到协和图书馆查阅眼科文献资料，包括与眼科相关或相交叉的基础学科的文献、书籍，然后借三四本合订杂志用一个大蓝布口袋装上回家阅读。他以学为友，以学为乐，如饥似渴地汲取新知识、新进展，了解掌握学科的前沿信息，用以提高业务水平，提高服务质量。他常常告诫大家：“你们绝不要只满足于做一个熟练的手术匠。”叮嘱大家，有时“逼”着年轻人抓紧时间学习，提高理论水平，用理论指导临床实践。在中西医药结合方面，张教授遍访市内老中医、老药店、老药工并虚心请教，然后研制眼用复方片剂、丸剂、冲服剂、滴眼液、熏剂等，开创了同仁医院眼科中医药治疗的先河。在图书匮乏的年代，张教授在北京市眼科研究所设图书室供大家阅览借用，设情报室承编《医学文摘·第十分册眼科学》期刊向全国发行，迈出了我国眼科界了解学习并开始步入世界眼科领域的第一步，推动了我国眼科事业的发展。

（五）教学培养人才方面

张晓楼教授悉心培养年轻医生，定期组织读书报告会、病例讨论会等培育学术氛围。当年，眼科学分会定期组织的全北京市眼科学术报告会就设在同仁眼科的候诊大厅内，张教授鼓励大家积极参加报告。从20世纪50年代中期开始，张教授就开始在科内组建外眼病、眼底病、青光眼、眼病理、眼生理专业组，此后增加药理、防盲等专业组。选派培养年轻医生到国内外进修学习基础医学，委以任务和职责，促使同仁眼科多方位发展。新中国成立初期，同仁医院承担了为我国陆、海、空部队培养眼科医生的任务，进修后回到陆、海、空军医院主持眼科医疗。他还相继制定了面向国内省、市、区、县，包括少数民族地区、偏远地区，定期进修培养眼科医生的制度，并延续至今，桃李遍及全国。张教授于1958年前后开始兼任北京协和医学院眼科副教授、教授。1979年北京市开始医科研究生培养，他率先就任北京第二医学院（现首都医科大学）研究生导师，开始培养眼科研究生。

（六）倡导科学研究，创建国内第一个眼科应用基础科研基地

20世纪50年代医院的重点任务是医疗。当时曾有人把医、教、研比喻为饭、菜、汤，研究可有可无。但是张晓楼教授认为："任何疾病的有效防治都是建立在对该病的深层次认识的基础上。"他强调："认识病的表面现

象，常规的经验治疗手段，不能发展。”“仅作为临床医疗医生不够，必须进行眼病的科学研究。”“对疾病要知其然，进而知其所以然，才能防未然。”记得1956年春季的一个下午，张教授把我叫到他的办公室，语重心长地说：“门诊有那么多重沙眼患者，每天20～30台外眼手术，时常需要星期日加班手术，治不胜治，防不胜防。应该做实验研究，深入认识它，从根本上攻克沙眼这个严重危害视力的眼病。通过研究沙眼创造条件，然后对很多其他感染性眼病进行研究来提高诊疗水平。”并问我是否愿意做这项工作。当时我思想上毫无准备，没有教授这样高的思想境界和超前意识，我舍不得放下已比较熟悉的临床技能，也有从头学实验基础的畏难情绪。张教授晓之以理，深情地以“病人的需要就是命令”“要提高诊疗水平，必须进行研究”等理念教育我。我是怀着试试看的心情加入张教授组建、领导的沙眼三人小组，并开始步入感染性眼病基础实验研究的路程的。与我相似的几位年轻医生也在他的指引鼓励下开始了眼科各方面的基础研究历程。张教授认为我国应该有眼科的科研基地，他说：“想建立眼科研究所纵有很多困难，但是不管多难，我一定要办到，否则死不瞑目。”在他执着努力筹措、罗宗贤教授的大力支持和北京市领导的关怀下，1959年国内首个眼科基础研究基地——北京市眼科研究所终于建立了，聘请罗宗贤教授为所长、张晓楼教授任副所长，开启了国内眼科应用基础研究的先河。他在科研工作中要求“严格、严肃、严谨、严密”，实验结果要“重复、重复，再重复”验证。要求过程与结果确切翔实，不能疏漏、虚假或凑合，对不诚实更是零容忍。原“沙眼研究小组”中一位技师擅自用蒸馏水代替生理盐水洗染涂片，被发现后说谎搪塞，因不诚实，不适宜做科研工作而被调离岗位。研究所各室的研究课题源于临床所需，科研成果回馈服务于临床。张晓楼教授特别强调“院所结合，科所结合”，多次在科研会议上阐述科研与临床相互依存的重要性，激励着医、护、技和医学基础学科人员朝向更高的目标奋进。

纵忆恩师张晓楼教授，他确是我国眼科界的一代宗师。心系病人疾苦，竭诚开拓我国眼科事业，取得了显赫业绩。他毕生勤奋、爱民、笃实和真诚奉献的风范是医务工作者学习的楷模。

（金秀英）

二

题记： 以下文字根据张晓楼亲属及当年沙眼研究小组成员金秀英教授等人的文字、录音资料整理。

汤飞凡教授是中国卓越的微生物学家，有着“东方巴斯德”之美誉；张晓楼教授是中国眼科事业的开拓者和奠基人，也是令后辈学子景仰的眼科一代宗师。两人是亲密的战友和合作伙伴。他们志同道合，惺惺相惜，在沙眼衣原体的分离发现上密切合作，所取得的成就举世瞩目。

不幸的是，1958年，汤飞凡教授死于“拔白旗运动”，过早地离开了我们。近十几年来，网络上对于沙眼衣原体的分离、对于北京同仁医院眼科/北京市眼科研究所在该研究中做出的贡献以及张晓楼教授领取“国际沙眼金质奖章”等存在诸多不公、不实的诘难、污蔑和攻击，令人无比难过。

（一）领取国际沙眼金质奖章的人选问题

1980年，国际沙眼防治组织（International Organization Against Trachorm，IOAT）拟于次年在法国巴黎向张晓楼和汤飞凡教授颁发“国际沙眼金质奖章”。因汤飞凡教授已于1958年去世，卫生部派遣张晓楼教授前往巴黎领奖。

但生物制品研究所授意提出要求汤飞凡的夫人何琏女士一起去巴黎领奖。卫生部不同意。事情很清楚，沙眼衣原体的分离研究是生物制品研究所和北京同仁医院的合作项目，双方对此项研究的贡献是等同的，荣誉也是共有的。没有准确的沙眼生物标本，沙眼衣原体就无从分离；分离后，若无正确的临床病情的鉴定和反证，也就没有成果可言。

分离“沙眼病毒”（后更名为沙眼衣原体）是在汤飞凡教授的指导下，由生物制品研究所和同仁医院的北京市眼科研究所共同完成的。必须清楚地看到，提供可靠的沙眼生物标本和对沙眼“病毒”的临床分离鉴定同样是必不可少的关键步骤，而这项工作是张晓楼教授带领同仁眼科和北京市眼科研究所的工作人员独立完成的。此后，在沙眼防治以及防盲治盲方面，张晓楼更是做出了卓越的贡献。而国际沙眼防治组织颁发的奖章，不仅仅是奖励汤飞凡、张晓楼两位教授在沙眼衣原体分离工作中所做出的成绩，更是奖励张晓楼在沙眼防治中所做出的贡献。

因此，1981年去巴黎领奖，张晓楼教授是当之无愧的人选。

因为汤飞凡教授已经去世，卫生部决定由生物制品研究所的某某代表生物制品研究所和张晓楼教授共同领奖。需要说明的是某某参与共同领奖，只是代表生物制品研究所，而不能代表汤飞凡教授。某某参加沙眼衣原体分离工作时，还是一个刚毕业的大学生，他在此项合作工作中所做的工作，还不及技术员黄元桐做得多。1957年6月《中华医学杂志（英文版）》上发表的沙眼衣原体分离的文章，某某的名字列在黄元桐之后。

（二）由谁上台去领奖章

由谁上台去领取奖章，本不存在任何问题，当然是由张晓楼教授上台去领取奖章。但出乎意料的是，某某在会议中不顾尊严，坚持要他自己上台去领取奖章。当时，实在无法和某某沟通交流，张晓楼教授只能对某某说：“这个问题不是由你、我来决定的，应该由领导来定。我们可以请示使馆领导和卫生部。”后来，使馆领导明确地告诉张晓楼：“这个奖章绝不能让某某去领。这是原则，你要坚持。”

于是，张晓楼教授上台去领取了国际沙眼金质奖章。但某某非常不满，执意要单独上台领奖，致使大使馆同志做了大量的工作才制止了某某上领奖台。

（三）奖章的排名顺序

张晓楼教授领取奖章后，某某看到张晓楼教授的名字在汤飞凡教授之前，当时就极其无理地指责张晓楼教授："为什么你把自己的名字放在第一位？"张晓楼教授听后十分气愤，明确地告诉某某："谁的名字在前，谁的名字在后，领奖前，我根本不知道。我从来没有想过，我的名字要放在第几位。"鉴于某某一而再，再而三地无理取闹，张晓楼教授对其已经有所警惕。张晓楼教授找到了国际沙眼防治组织的有关人员，请他当着自己和某某的面证实了奖章上所刻名字的先后顺序，不是由张晓楼决定的。张晓楼将此事记录下来，并让某某在纸上签了字。回京后，张晓楼向卫生部汇报领奖情况时，将所领取的奖章和这份材料上交给了卫生部。卫生部将沙眼金质奖章的原件保留，复制了一枚奖章交予北京市眼科研究所。

后来发生的事情证明，某某回京后，罔顾事实真相，反而变本加厉地对张晓楼教授进行诽谤和污蔑。

1981年，某某借用政协开会的机会，散发传单，造谣生事，对张晓楼教授进行了一系列人身攻击。虽然这股歪风邪气很快被领导制止住，却给张晓楼教授带来了身心的伤害，在群众中也形成了恶劣的影响。

不仅如此，在生物制品研究所的支持下，某某多次向法国、日本、美国的沙眼防治组织发出歪曲事实、污蔑张晓楼教授的信件，致使国际沙眼防治组织又做了一个奖章，并在奖章上只刻了汤飞凡一人的名字，寄给了生物制品研究所。

至于如今网络上所传言的张晓楼教授伪造沙眼金质奖章、窃取汤飞凡教授荣誉之说，纯属无稽之谈。

（金秀英）

三

题记：感谢张晓楼教授的子女张蒲女士、张茵女士、张薇教授、张维尧先生提供张晓楼教授生前宝贵的资料。让我们共同缅怀为祖国做出过巨大贡献的科学家们。

我们就几个需要说明的问题向大家说出我们的看法。

（一）颁奖机构是国际沙眼防治组织，作为沙眼防治组织，在权衡一个人的贡献时，是基于其在沙眼预防、治疗工作中的贡献，而不仅限于在沙眼病原体分离研究中的贡献。

沙眼衣原体的成功分离对沙眼的治疗起到了关键作用，但这是沙眼防治工作中的一部分，而不是沙眼防治工作的全部。

20世纪80年代以前，全世界的盲人中有三分之二都是沙眼致盲，在中国也有“十盲九沙”的说法。沙眼的整体防治工作，除了沙眼病原体的研究外，还有大量艰苦的实践工作需要去完成。新中国成立初期我国的经济并不发达，农村经济占据主导地位，开展全国范围的沙眼防治工作更是不容易。医务工作者要到农村蹲点、走访，在疾病普查的基础上因地制宜、中西医结合地在农村地区、边远地区开展广泛的综合治疗。除了推广和开展对沙眼疾病的普及教育，同时还要进行治疗沙眼的药物研究。中国使用利福平治疗沙眼比国际上提早了三年。当年在社会上个别人对张晓楼教授进行攻击时，张晓楼教授根本无暇理会，那个时期他正忙于研究治疗沙眼药物的攻关。这些艰苦卓绝的工作，张晓楼教授身体力行，带领北京同仁医院眼科和北京市眼科研究所的同志们，做了大量的工作，取得了防控沙眼的卓越成绩，并得到了国家的支持、肯定和奖励，也获得了世界卫生组织的高度评价。

因此，基于张晓楼教授在沙眼防治工作中所做出的巨大贡献，在国际沙眼防治组织所颁发的金质奖章上，将张晓楼教授的名字刻在上面也不无道理。

至于谁在前、谁在后则是该组织决定的事情，获奖者是无权干涉的。

张晓楼教授领奖回国后将奖章和奖金上交到卫生部。遵照卫生部的指示：奖章原件留卫生部，从奖金中拿出钱来制作了两个银镀金的复制品，一件由张晓楼教授保存，另一件由汤飞凡家属保存。张晓楼教授的长女张蒲女士曾于1982年专程造访了卫生部成果处处长王秀峰同志，王秀峰同志亲口告诉张蒲，这是卫生部的决定，所谓“张晓楼教授拿了原件而给生物制品研究所一个复印件”纯属谣言。

（二）汤飞凡教授的署名何时开始、因何消失？

沙眼衣原体的研究成果是在1956年取得的。当时在所有发表的文章中，汤飞凡教授的名字都列在第一位，张晓楼教授的名字列在第二位。

1958年9月30日，汤飞凡教授在其所在工作单位的“拔白旗运动”中受辱，自缢身亡。因此，在1960年《中华医学杂志》发表的《分离培养的沙眼病毒人体感染观察》及“Experimental Trachoma Produced in Human Volunteers by Cultured Virus”一文时，尽管汤飞凡教授和张晓楼教授都曾作为志愿者参与了人体试验，但是因为在那个历史时期，由于政治运动自杀的人都会被扣上“自绝于党、自绝于人民”的帽子，致使汤教授的名字遭到封杀。在发表那篇文章时，当时的领导就不允许出现汤飞凡教授的名字。由于后续的研究中没有了汤飞凡教授的身影，所以发表的文章中也就没有了汤飞凡教授的名字。直到1978年十一届三中全会后，全国开展大规模的平反冤假错案，汤飞凡教授的名誉得到恢复，他的名字才重新出现在公众面前。

（三）张晓楼教授在听到有人污蔑、攻击他后的态度。

我们曾经问过他：“难道您就不反击、不澄清了吗？”他说：“听蝲蝲蛄叫，还不种地了？”当有些人在拼命诋毁他时，他虽然很生气，但依然在身患心脏病、高血压的情况下全身心地投入到繁忙的工作中。对那些攻击他、污蔑他的人根本不予理会。

（张　蒲　张　茵　张　薇　张维尧）

四

题记：梁建一同志时任眼科研究所办公室职员。此文写于2017年10月23日。

1981年，我在眼科研究所办公室工作。记得当年秋季，张晓楼教授和某某一起赴法国巴黎，接受世界卫生组织授予的“国际沙眼金质奖章”及奖金（大约2万元法国法郎），以表彰张晓楼、汤飞凡教授在分离沙眼衣原体中所做的贡献。

现在回忆，张晓楼教授回国后，对我布置说，就奖章、奖金处理问题已请示了卫生部科技司，答复是用奖金复制两枚银镀金奖章，张晓楼、汤飞凡家属各保存一枚，原件及剩余奖金要上交卫生部科技司。

就此，我联系了当时的北京红旗证章厂（原址在原崇文区）进行复制，制作的蜡模还带回研究所请张教授审视。来年开春后复制完毕，经张晓楼教授过目后，让我连同原件、复制件、剩余奖金及证章厂开具的发票交至卫生部科技司（或当时叫国际交流处？——编者注），并开具收条交予了张教授。

以上是我的回忆。

（梁建一）

附录8　悼念我们最亲爱的爸爸（附手稿）

爸爸辛勤工作一生以后，终于离开我们西去了。在我们心情十分悲痛的时刻，让我们悼念我们最亲爱的爸爸。

爸爸，您的一生热爱祖国，热爱事业，您为中国的眼科事业奋斗了一生。您埋头苦干，刻苦好学；您性格刚毅，不屈不挠；您对人真诚，光明磊落；您为人正直，宽厚为怀。

您热爱祖国。记得新中国成立前，您办好了去美国的手续，但为了迎接北平的解放，您毅然改变了主意，您没有走。您对新中国满怀着热情和希望，在新中国成立之际，您高兴地带领我们全家到天安门参加了开国大典。

您热爱事业。50年代，为了建立中国第一个眼科研究所，您到处奔走呼吁。记得那时您回家后说过："如果不进行基础研究，临床的提高是很困难的。"您说："要想建立眼科研究所，有那么多的困难，但是不管多难，我一定要办到，否则死不瞑目。"经过了艰巨的奋斗，终于实现了您的愿望。

旧中国的农村甚至城市，沙眼严重。有的年纪轻轻就因沙眼而失明。这些您看在眼里，痛下决心要改变这种状况。您想方设法寻找各种途径，想找到解决的办法。为了确证分离到的东西是沙眼病原，您将它接种到自己的眼里。眼睛红肿得很厉害，十分痛苦。但您说："这是我所要的，它引起的是典型的沙眼，说明这是沙眼的病原体。"

在您的一生中，您从没有停过脚步，几十年如一日。每日下班回来，不论多晚都要看书到夜里12点以后。我们已经睡醒一觉了，您还在看书。在难熬的夏日酷暑，即便是在每年最热的那些天，人们都休息了，但您，一把扇子，一块湿毛巾伴随着您，仍然专心致志地看书学习。您不但看眼科学的书和杂志，还看其他方面的书。您常提出一些免疫学问题与大姐讨论。您在免疫学方面的知识和一些看法使做了多年免疫研究的大姐感到非常佩服。您的这种刻苦学习、孜孜不倦的精神对我们是一种无声的教育。记得小时候，碰上假期或周末，在您的带领下，我们几个孩子也都坐下来学习。该休息了，您就用一个棍子敲敲那个破脸盆，休息时您常问我们学习了什么，有时刚背了古诗，就给您背一首。您也讲一些您所知道的。您喜欢看中国的古典文学，谈起来兴头很高。在您的影响下，我们几个孩子都喜欢念书学习，对于学习不觉得是苦，而常能感到其中的快乐。大学考试我们每人都考上了第一志愿的大学。这都是由于您给我们树立了刻苦学习的好榜样。后来，我们参加工作了。您鼓励我们要刻苦工作，有时我们因工作忙长时间不能去看您，您接到电话后总是高兴地说："忙就好，忙就好。"

您对人宽厚，为人正直。在家中我们从没听您说过谁不好，但是却常听到您谈别人的优点。当我们问您如何处理这复杂的人际关系时，您说："对人诚恳、为人正直是最基本的，不要和别人计较，不要嫉妒别人。"当我们为听到别人闲话而生气时，您常说："不要把那些当作主要的。君子坦荡荡，小人长戚戚。"您就是这样的，把全部的精力放到了工作上，放到了事业上。

在长长的近50年的岁月里，您始终如一地以高度的热忱工作着。您取得了很多成绩，我们有体会，这是不容易的。困难来自各方面，但您在党的领导和群众的支持下，始终不屈不挠，在困难面前更显示出了您刚毅的性格。您像一个钢铁打造的汉子，什么风浪打到身上您都能承受。您谆谆教导我们不要娇气。您说过："我就喜欢泰山压顶不弯腰的性格。"亲爱的爸爸，您就是这样一个人，外表看着是那样的亲切、慈祥，内心的气质又是那样的坚毅、刚强。我们为有您这样一位父亲而骄傲！

亲爱的爸爸，您安息吧！您永远活在我们心里！您的教导会永远铭刻在我们心中！

张　蒲　敬上

1990年9月19日

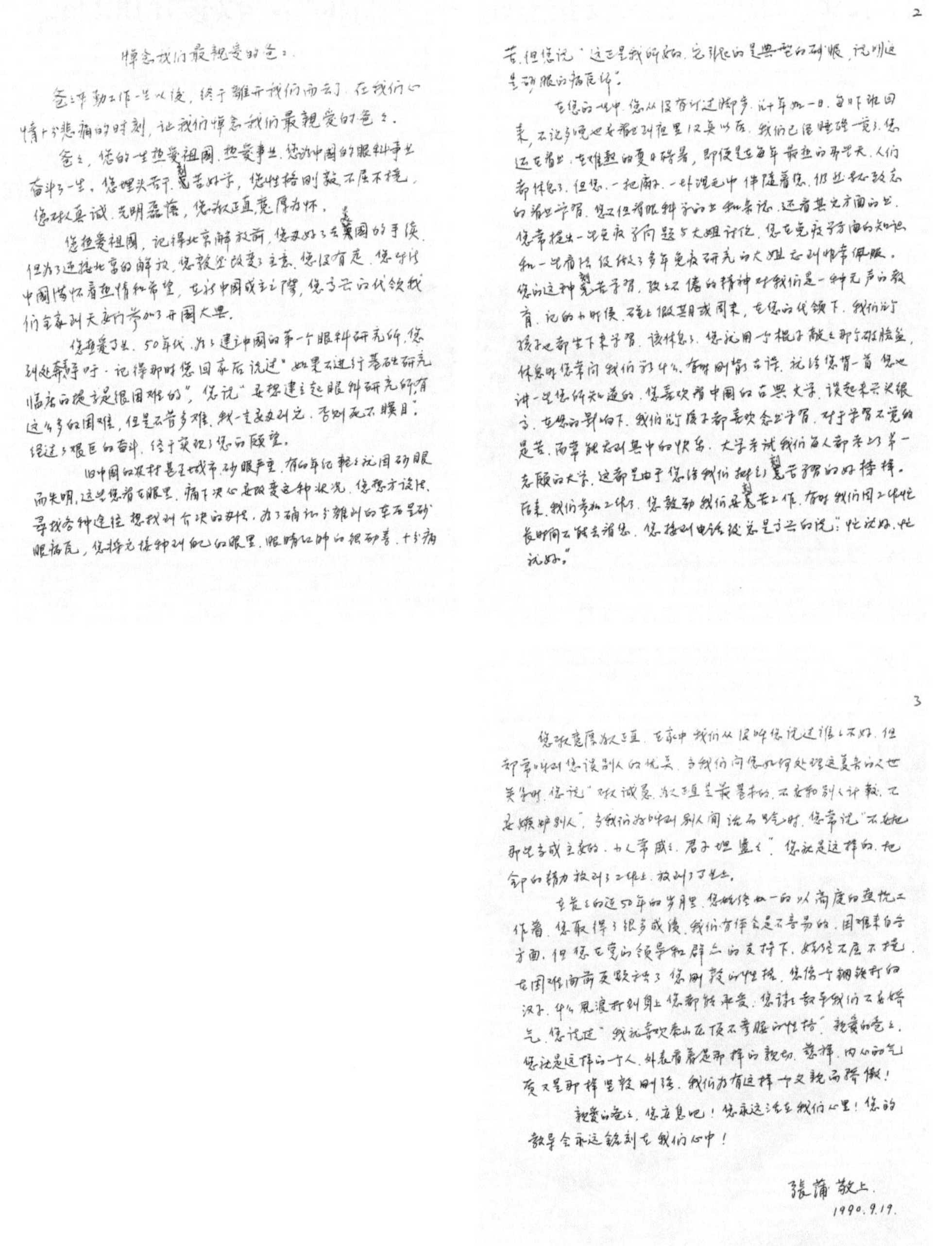
2

悼念我们最親爱的爸爸

爸爸辛勤工作一生以后，终于离开我们而去了。在我们心情十分悲痛的时刻，让我们悼念我们最親爱的爸爸。

爸爸，您的一生热爱祖国，热爱事业，您为中国的眼科事业奋斗了一生。您埋头苦干，刻苦好学，您性格刚毅，不屈不挠，您对人真诚，光明磊落，您为人正直，宽厚为怀。

您热爱祖国，记得北京解放前，您办好了去美国的手续，但为了迎接北京的解放，您毅然改变了主意，您没有走。您对于中国满怀着热情和希望，在新中国成立之际，您高兴的带领我们全家到天安门参加了开国大典。

您热爱事业，50年代，为了建立中国的第一个眼科研究所，您到处奔走呼吁。记得那时您回家后说过"如果不进行基础研究临床的提高是很困难的"，您说"要想建立起眼科研究所有这么多的困难，但是不管多难，我一定要办到它，否则死不瞑目"。经过了艰巨的奋斗，终于实现了您的愿望。

旧中国的农村甚至城市，砂眼严重，有的年纪轻轻就因砂眼而失明，这些您看在眼里，痛下决心要改变这种状况。您想方设法，寻找各种途径，想找到解决的办法。为了确认分离到的东西是砂眼病原，您将它接种到自己的眼里，眼睛红肿的很厉害，十分痛苦。但您说"这正是我所要的，它引起的是典型的砂眼，说明这是砂眼的病原体"。

在您的一生中，您从没有停止过脚步，几十年如一日，每天下班回来，不论多晚也要看书到夜里12点以后，我们已经睡醒一觉了，您还在看书。在难熬的夏日酷暑，即使是在每年最热的那些天，人们都休息了，但您一把扇子，一条湿毛巾伴随着您，仍然孜孜不倦的看书学习。您不但看眼科方面的书和杂志，还看其它方面的书。您常提出一些免疫学问题与大姐讨论，您在免疫学方面的知识和一些看法使做了多年免疫研究的大姐感到非常佩服。您的这种刻苦学习，孜孜不倦的精神对我们是一种无声的教育。记得小时候，每逢假期或周末，在您的带领下，我们几个孩子也都坐下来学习，该休息了，您就用一个棍子敲敲那个破脸盆，休息时您常问我们学了什么，有时则背古诗，就给您背一首，您也讲一些您所知道的。您喜欢看中国的古典文学，谈起来知识很多。在您的影响下，我们几个孩子都喜欢念书学习，对于学习不觉得是苦，而常能感到其中的快乐。大学考试我们每人都考上了第一志愿的大学，这都是由于您给我们树立了刻苦学习的好榜样。后来，我们参加工作了，您鼓励我们要刻苦工作，有时我们因工作忙长时间不能去看您，您接到电话总是高兴的说："忙就好，忙就好。"

3

您对人宽厚为人正直，在家中我们从没听您说过谁谁不好，但却常听到您谈别人的优点。当我们向您请教如何处理复杂的人世关系时，您说"对人诚恳，为人正直是最重要的，不要和别人计较，不要嫉妒别人"。当我们为听到别人闲话而生气时，您常说"不要把那些当成主要的，小人常戚戚，君子坦荡荡"。您就是这样的，把全部的精力放到了工作上，放到了事业上。

在漫漫的这50年的岁月里，您始终如一的以高度的热忱工作着，您取得了很多成绩，我们有体会是不容易的，困难来自各方面，但您在党的领导和群众的支持下，始终不屈不挠，在困难面前更坚持了您刚毅的性格。您像个钢铁打的汉子，什么风浪打到身上您都能承受，您谆谆教导我们不要娇气，您说过"我就喜欢泰山压顶不弯腰的性格"。親爱的爸爸，您就是这样的一个人，外表看着是那样的親切，慈祥，内心和气质又是那样坚毅刚强。我们为有这样一个父親而骄傲！

親爱的爸爸，您安息吧！您永远活在我们心里！您的教导会永远铭刻在我们心中！

張蒲 敬上

1990.9.19.

张蒲手稿

附录9　金秀英教授提供的有关张晓楼教授的照片

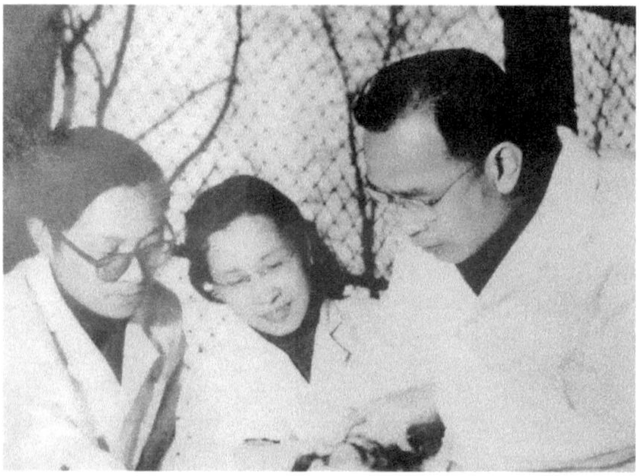

1963年，做猴体沙眼感染免疫学实验

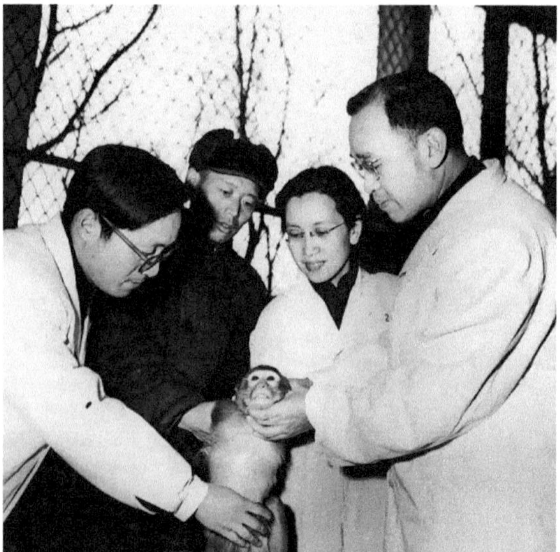

张晓楼（右一）与金秀英（右二）进行猴沙眼实验

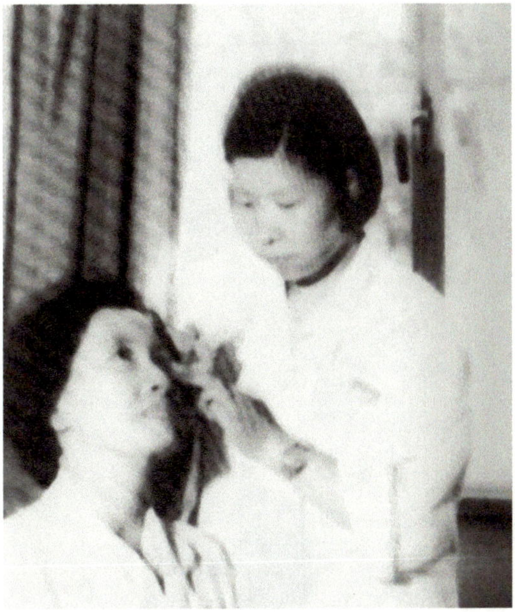

金秀英在自己结膜下注射四环素微粒粉针，进行沙眼防治研究

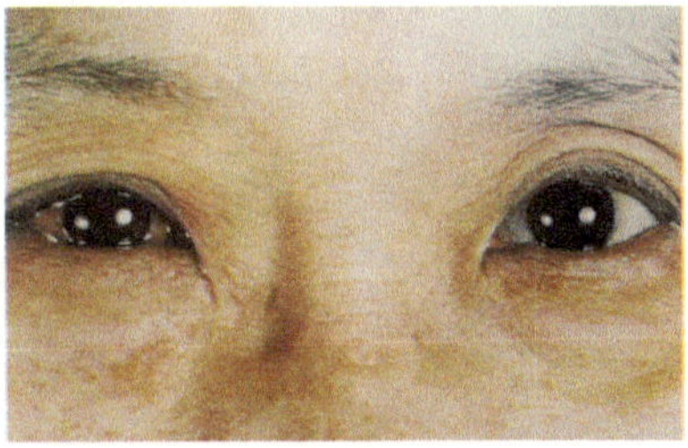

金秀英给自己接种沙眼衣原体24小时后

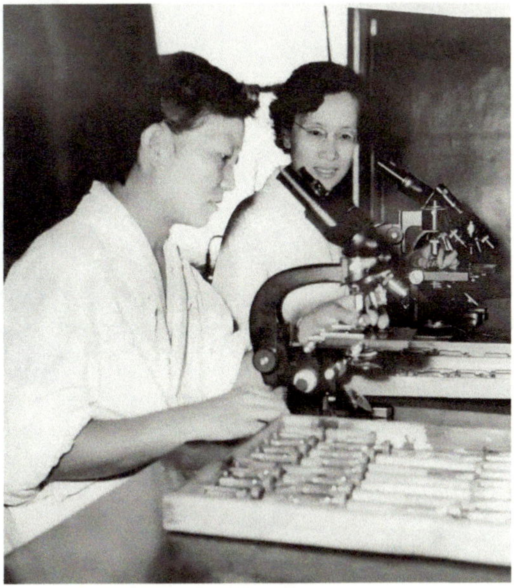

正在做实验的金秀英教授

张晓楼、金秀英等接待外宾

张晓楼、金秀英下乡医疗中

金秀英与张晓楼及同事的合影

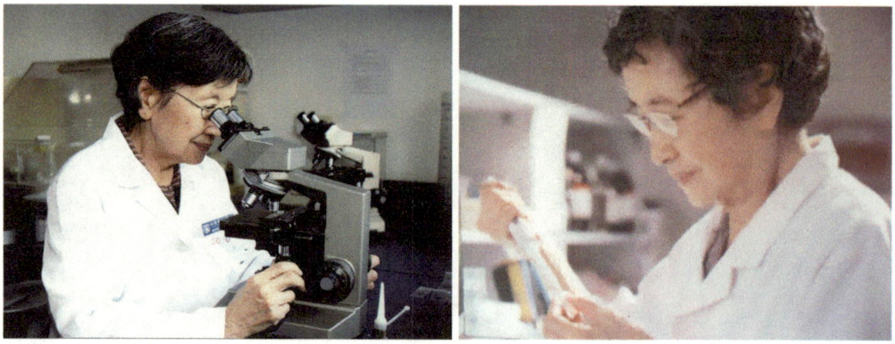

正在做实验的金秀英教授

至今仍在金秀英书桌上的与张晓楼的合影

附录10 历史资料

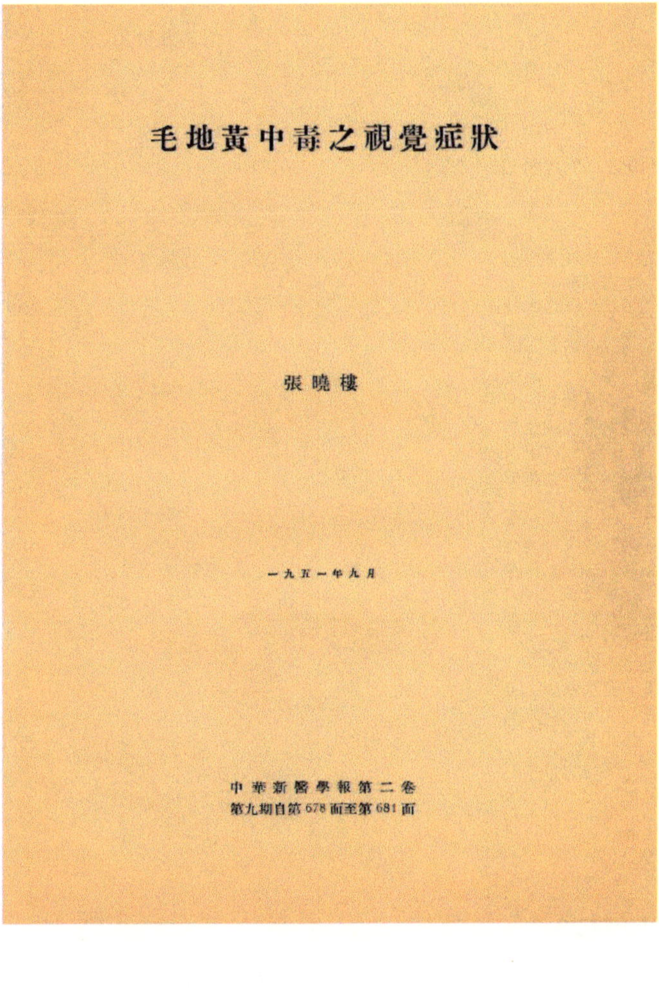

毛地黃中毒之視覺症狀

張曉樓

一九五一年九月

中華新醫學報第二卷
第九期自第678面至第681面

第一次找到了砂眼的病原

——訪北京生物制品研究所所長湯飞凡

周揆良

砂眼的病原究竟是什么？这个自从十九世纪末叶以来，許多中外微生物学家和眼科学家一直苦于不能滿意地解决的問題，現在經过北京生物制品研究所所長湯飞凡，技師黄元桐、李一飞和北京市同仁医院眼科主任張曉樓等临床实驗，已經初步得到解决。这項重要的研究結果，今天將在中华医学会、中国药学会、中国生理学会、中国微生物学会和中国药剂学会联合举行的全国会員代表大会的分組会上討論。

古老的疾病

砂眼是一种很古老的疾病。远在紀元前1553—1500年間，埃及最古的草紙書上就有关于砂眼的記載了。砂眼在我国的流行，在秦、汉的时候（紀元前246年到紀元后220年）才有記載。它在我国傳染很广，砂眼率达到50%。一般輕砂眼会影响視力；重砂眼可以导致失明。要徹底防治砂眼，必須找出砂眼的病原。

三十年前的旧事

开始新的研究

第八号病毒

老問題，新結論

上圖：北京生物制品研究所所長湯飞凡（左第二人）、北京市同仁医院眼科主任張曉樓（右第一人）和北京生物制品研究所技師李一飞（女）、黄元桐（右第二人），正在研究鷄胚的病变。

《北京日报》1956年7月25日

张晓楼获美国视觉及眼科学研究协会荣誉会员称号

本报讯 北京市眼科研究所所长张晓楼教授最近获得了美国视觉及眼科学研究协会授予的荣誉会员称号。荣誉会员奖牌授予仪式昨天下午在同仁医院隆重举行。

美国视觉及眼科学研究协会是世界著名医学学术团体之一，这个协会极少吸收外籍荣誉会员。为了表彰张晓楼教授在传染性眼病，特别是沙眼研究方面所做的贡献，该协会不久前做出了授予张晓楼教授荣誉会员称号的决定，并特派该协会理事贝哲士教授、林文杰教授来我国向张教授授予荣誉会员奖牌。张晓楼教授是我国获得这个协会荣誉会员称号的第一人，他在仪式上对该协会给予他的荣誉表示感谢，并表示愿为中美两国眼科学界的合作与友谊做更多工作。

《北京日报》1984年5月18日

撒下一片光明

——访著名眼科专家张晓楼

“我国目前有四百万盲人，其中白内障一百多万。”这是八日下午在正定县卫生局接待室里，张晓楼教授告诉记者的。他挥动着手臂，信心十足地说：“我们准备从今年开始用三年时间在正定县‘消灭“盲人”’”他接着解释道：“所谓‘消灭’就是在目前条件下，让凡是能治疗的盲人都重见光明。”

这项工作带有一定的国际性，世界卫生组织在中国设了两个“扫盲点”，正定县是其中之一；这项工作还有乡土性，张教授原籍是正定县芦家庄人氏。

张教授从一九五四年开始担任北京同仁医院的副院长，并曾做过毛主席、周总理的眼科保健医生，最近离休，任同仁医院名誉院长。一九八二年，他回归故里，感触良多，一方面为家乡的巨大变化而自豪，另一方面又为乡亲们卫生知识的匮乏而痛心，有些盲人本来可以治好，经济上也没有问题，但他们却认为是“天命”。张教授此时已经年届古稀，他决心给眼疾患者撒下一片光明。

于是，一九八三和一九八四两年，他带领人两次回正定普查了近三万人，每天他都是披星戴月，边查边治，小毛病随时治疗，大毛病就转县卫生院，为了提高乡亲们的卫生知识水平，他从北京带回来幻灯机，提供小册子，宣传防盲知识。

“我是吃这儿水长大的，愿意回来看看。”张教授充满深情地说。是啊，美不美，家乡水，亲不亲，故乡人。谁能忘了曾经哺育过自己的山山水水和乡亲们呢？张教授从一九四六年离开家乡，从事眼科研究工作近四十年，使不计其数的患者重见光明。发表了七十余篇学术论文和五十余篇科普文章，他亲自带硕士和博士、研究生，为我国眼科事业培养了许多人才。更值得骄傲的是，一九五四年，他和微生物学家汤飞凡教授一起，共同研究找到了沙眼病原体，而且第一次找到了分离和繁殖它们的方法。一九五七年这项研究成果发表后，震动了世界眼科界和微生物界，给亿万沙眼患者带来了福音。一九八一年，国际防治沙眼组织在巴黎国际大厦向张晓楼教授授予了一九八一年国际沙眼金质奖章。他取得了这样大的成就，但他没有忘记生他养他的故乡，他说：“以后我每年还要回来几回。”

张教授还有个设想，把正定县医院搞成以眼科为主的医院，设备技术也比一般县医院要好一些，这样，无极、灵寿等附近县的眼疾患者就可以集中到正定治疗，不必再到石家庄。目前正定县医院准备搬迁，新址已经选定，占地四十亩，主楼高八层，已经开始兴建，十分鼓舞人心。张教授高兴地说：“我已经七十二了，但我一定能看到这一设想的实现！”

本报记者 陈立君

图为张晓楼大夫在为患者治疗。 陆树群 摄

《石家庄日报》1986年5月13日

征服沙眼的张晓楼

《北京日报》1986年5月20日

……组访问病人，打算收集一些"罪证"。他们共调查了一百一十九位病人，结果是：痊愈八十九人，显著好转二十二人，初步好转五人，无效一人，因跌跤过重不得不截肢的二人。当然，这份调查报告始终没有公诸于众。

冤屈、焦虑、劳累过度的马同长实在顶不住了。他一口气爬上了郊外的九龙山崖头，回顾了自己二十五年来走过的路。

我究竟错在哪里啊？夜间，凛冽的山风使马同长清醒了。他不能这样不明不白地死去。他拍净身上的泥土，迈着坚定的步子，步行五十里赶回病房。一到门口，眼前的情景使他呆住了。虽然已是深夜，但所有的病房的窗子都开着，灯光通明，一百多个病人从窗子里探出头来焦急地不停地张望。一见马同长回来了，他们拄着拐杖，互相搀扶着拥住马同长放声大哭。小伙子也痛哭失声。他心里说，多么好的病人啊，我不能离开你们呀！

短评

可贵的精神

本报今天发表的通讯《杏林新花》，向读者介绍了青年中医马同长的先进事迹。这位三十二岁的院长经过十多年的刻苦钻研，制成了多种型号的"溶栓丸"，使治疗脉管炎的疗效达到国内外先进水平；他所在的安阳市脉管炎医院，探索出了一套行之有效的管理办法，在医院的改革中闯出了一条新路。从马同长这样的优秀青年身上，我们看到了祖国的未来和希望。

科学的道路从来就是不平坦的。我国明代医药学家李时珍，不满足已有的本草著作，走遍名山大川，访渔问樵，尝尝百草，终于写成了不朽的传世之作《本草纲目》。我国当代医学家汤飞凡，百折不挠，甘冒风险，在自己的眼睛上试验，终于在世界上第一次成功地分离出沙眼病毒。无数事实已经说明，古往今来，一切在事业上有成就的人，无不具有开拓和勇于献身的精神。只要我们进一步发扬这种精神，我们的事业就大有希望。

……、大众健康杂志

……作评奖活动

……卫生文学佳作

……卫生报刊也相继创办了文艺……（湖南《大众卫生》报）、……《卫生与生活》报）、"……"……报》）、"蒲公英"（《上……、"映山红"（贵阳《健康……"（云南《昆明卫生》……于卫生题材文学创作的作者……成长壮大。

……文学创作奖评奖办公室已经……。今日本报四版刊登了评奖……

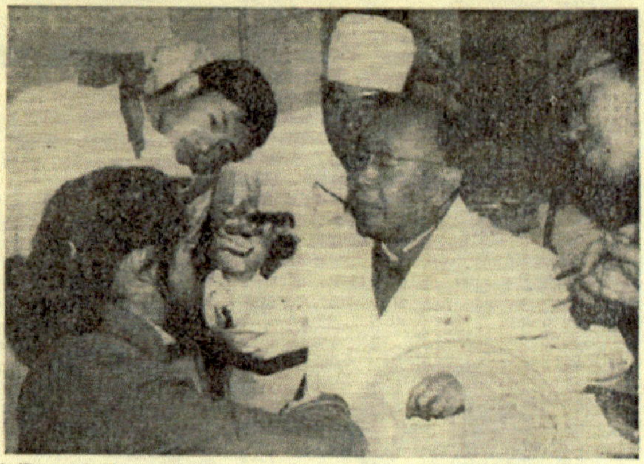

我国防盲指导组副组长眼科专家张晓楼，最近在河北省……文县为八十余名眼病患者进行了检查治疗。 许文摄

《健康报》1986年11月11日

课前，他认真备课，每个概念都要事先查对清，弄明白；查房前，充分准备，使一切都井井有条。他和汤飞凡合作研究分离沙眼病原体时，先是按照日本人荒川提出的结论，在小白鼠脑内搞接种实验。在一年的时间里，他们用了两千多小白鼠，却未能证实荒川的结论。他们没有却步，又开始改用鸡胚接种。经过多次实验，终于否定了荒川的结论，取得了眼科界划时代的成功。这，在一定意义上讲，是严谨治学的一曲凯歌。

张老不仅自己恪守严谨，也时时处处以此要求青年。他常对中青年医生说："眼科医生切不可满足于能熟练地做眼科手术，更不能只知其然，而不知其所以然。要抓紧时间学习，跟上现代科学的发展。"在他的培养下，一批批中青年眼科专家脱颖而出，一个个硕士和博士研究生相继走上工作岗位。

张老对祖国和世界的眼科事业倾注了满腔热情和全部心血：在重大的科研成果中，有他的建树，在许多眼科研究机构的创建史册上，记下了他的功劳，在无数患者重见光明中，凝聚着他的心血，在眼科学的许多重要岗位上，布满了他的桃李，众多的国际学术讲坛，回荡着他的声音，诸多专业书刊刊载了他的论著……张老对党、对祖国和世界人民所作贡献可谓大矣！但他并不以此为满足。在结束交谈时，张老感慨地说："我虽退居二线，脱离行政职务，但不是要过悠闲岁月，而应更加努力学习马列主义，深入钻研业务知识，活到老，学到老，为我国眼科事业增砖添瓦！"好一个伏枥老骥的壮志，好一派志在千里的雄心！

从张老的住所走出，已是皓月当空，群星璀璨。回首张老房间的灯光，似乎看到一枚国际防治沙眼金质奖章在熠熠闪光，仿佛听见巴黎国际大厦授奖大会上张老的铿锵讲演，一首七绝油然迸出心扉——

书山远眺有巅顶，
学海横绝无尽期。
可有"锦囊"通径捷，
无私严谨作舟梯！

续"《青春岁月》1987年4月"

无私严谨作楷模

——访世界著名眼科专家 张晓楼教授

·瑞峰

他饮誉中外，名驰遐迩，却是那样平易近人，谦虚热情。

他建树卓著，造诣精深，却仍然锲而不舍，攀登不止。

他年逾古稀，双鬓染霜，但仍然朝气勃发，锐意进取。

提起他的名字——张晓楼，同行尊敬他，患者感谢他。而和这个名字相联系的，是一大串“头衔”和荣誉——北京协和医学院医学博士，北京第二医学院眼科教授，北京同仁医院副院长，北京眼科研究所所长，中华眼科学会主任委员，眼科杂志总编辑，世界卫生组织防盲咨询组委员，八十余篇学术论文的撰写者，国际防治沙眼金质奖章和亚洲太平洋地区卓越工作奖状获得者，美国视觉及眼科学研究协会荣誉会员，等等。面对党和国家及世界人民给予的崇高荣誉和极大信任，张教授的回答是：更加无私的工作，更加严谨的治学。是的，无私，严谨，正是张教授成功成名的奥秘，也是他对青年们谆谆的教诲和殷切的期望。在交谈中，他一再重复这样的话语：请转告《青春岁月》的青年读者，治学，一定要无私，要为党、为祖国、为人民而学习，而工作，这是个思想基础和根本出发点；治学，必须严谨，这是个科学态度问题。无私，才会胸怀博大，方向明确；严谨，才能书山攀巅，学海涉底。

那么，让我们循着张老的足迹，去探寻一下他治学的路径吧。

张教授一九一四年出生于河北省正定县。他天资聪颖，品学兼优。由于日本侵略中国，大学期间他不得不辗转于满州医科大学，同济大学，清华大学，燕京大学，协和医学院，度过了近十年动荡而清苦的岁月。当时，张老为什么不学能当官的文，不习可掌权的武，而一心攻读医呢？他回答的既恳切，又朴实：“我的家乡眼病很多，如沙眼，白内障，青光眼等。有不少人因为得了这些眼病而瞎了眼，所以我愿意学眼科。”从此，特别是解放后，他满怀“为患者解除病痛”的一腔热忱，在学业上精益求精，在工作上兢兢业业。

沙眼病患者在我国以及全世界非常广泛，给个人、家庭和社会都造成极大的痛苦和负担。据统计，全世界的盲人中，有五分之一到四分之一竟是由沙眼造成的。多么惊人的数字，何等严酷的现实！作为一个眼科专家，张老痛感有一种说不出的压力和责任，压力和责任，变成了向沙眼这个“必然王国”进军的动力。一九五五年，他和汤飞凡教授合作，用鸡胚接种实验，分离沙眼病原体。分离物得出来后，必须进行人体实验，看能否引起沙眼。这样，这项科研才算获得最后证实，并得到国际公认。由谁来实验呢？张教授和汤教授争先躬行，而卫生部负责人不同意，说风险太大，建议由青年人自愿报名。消息传出后，报名志愿书纷至沓来。张教授深受感动。他想，我是领导，又是青年在科研医疗实践中的带路人，应该成为表率。这项实验有危险，要牺牲的应该首先是我自己。于是，他把志愿书一一退还报名青年，和汤飞凡教授毅然在自己眼睛上做了人体实验，结果两人都得了急性沙眼。许多外国专家认为，这项科研获得了一九〇七年发现沙眼包涵体之后，半个世纪以来眼科界最重大的突破，震动了国际眼科学界和微生物界。

发现了沙眼病原体，就要研制治疗特效药。为此，张教授呕心沥心，潜心研究，经过对有效药物进行筛选，发现了四环素族对沙眼疗效最好。后来，经过反复实验，他又把利福平用于沙眼临床治疗，效果更好。这比外国用此药治沙眼早了两年。张老每发现一种疗效好的药，总是到农村走乡串户，为农民送药上门，即使古稀之年，仍不辍止。他坚持一次又一次到河北、山西、河南等地的农村，为群众治疗眼病，传授知识和技术。他常说：“我们的大医院都集中在城市，而大部分盲人却在农村。让农民进城看病，行动不便，花费也太大，同时，医院床位也不足，组织医疗队下乡，既方便了农民就近就医，也有利于培养基层眼科队伍。”也正是在深入农村，厂矿、街道的过程中，他受到了教育，提高了觉悟，深刻体会到中国共产党的伟大、光荣、正确，也深切地感到知识分子只有在党的领导下，才能充分发挥自己的才智，全心全意为人民服务。他写了入党申请书，向党组织倾诉了自己迫切要求加入党组织的强烈愿望。在党组织的帮助下，一九六一年七月一日，在我们党成立四十周年这个喜庆日子里，张晓楼同志光荣地举起右臂，庄严地站在了鲜红的党旗下。

当谈到这里，张老脸上充溢着喜悦自豪之情，眼睛里放射出炯炯光彩。

张老认为，有了为民除病、为国争光的愿望，还要具备实现这一愿望的本领。否则，岂不成了志大才疏，眼高手低？本领，只能靠严谨认真，一丝不苟的科学态度去获得。这，正是张老自勉励人的治学格言。

上学时，张老就养成了一个习惯：晚上十二点前不休息，一道题作不出答案不罢休。在眼科这个浩淼学海里遨游，他更是严字当头，从不马虎。讲

·30·

《青春岁月》1987年4月

光明日報

GUANGMING DAILY　1990年　9月20日　星期四　代　号（1—16）
农历庚午年　八月初二　第14905号　统一刊号CN 11-0026

两名工人接受移植后盲眼复明，泣不成声，惊喜万分

同仁眼库倡导者张晓楼捐出角膜

眼科巨擘　将毕生献给医学　死而不已　让光明充满人间

本报讯　记者庄建　张小弟、通讯员吴超英报道：为我国眼科医学事业做出巨大贡献、曾使千千万万眼疾患者重见光明的著名专家、共产党员张晓楼教授，9月14日因病逝世。他做出了最后的奉献：捐出眼球角膜，又使两名患者的盲眼获得新生，实现了他“造福盲人，让光明充满人间”的光辉遗愿。作为建立北京同仁眼库、死后捐献眼球角膜的第一个倡导者，他又成为这个眼库诞生后第一位身体力行的人。

“春蚕到死丝方尽。”海内外多少患者、学生、同行、友人……在寄以无限哀思的同时，又对这位享誉世界的医学科学家的无私精神和高尚医德致以深深的敬意。

76岁的张晓楼教授，是中国眼科医学界的巨擘。他曾担任过众多职务，其中有：北京同仁医院副院长，北京眼科研究所所长，中华医学会眼科学会名誉会长，《中华眼科杂志》主编，全国防盲协会副主席，还担任世界卫生组织专家咨询团顾问，美国视觉及眼科研究协会荣誉会员等。1955年，他与汤飞凡教授合作，冒着失明危险，在自己眼中接种沙眼病原体，采取多种艰苦细致的试验方法，首次分离培养沙眼衣原体获得成功，从而搞清了沙眼发病的机制，引起世界医学界关注。1981年，国际沙眼防治组织在巴黎授予张、汤二位教授“国际沙眼金质奖章”。几十年来，张晓楼在医疗、科研、教学和防盲事业中贡献突出，曾在国际国内获得几十次奖励。

他是为毛泽东主席、胡志明主席等众多高级领导人和国际友人诊病的专家，但他用更多时间深入基层、农村、山区为群众解除痛苦，他从医整整半个世纪，直到高龄、病重、临逝世昏迷前，他还坚持要求出诊。他看到我国众多的失明患者中，很大一部分是由于角膜病引起的，又看到我国由于特殊原因，角膜来源殊缺，就奔走呼吁，倡导成立死后志愿捐献角膜的眼库。在他的推动和努力下，北京同仁眼库于今年6月12日成立，他第一个签了名，以后又题词：“造福盲人，让光明充满人间”。包括国家级领导人在内的众多志愿者在他的带动下签了名。

他是9月14日上午因病医治无效而去世的，第二天下午5时，他的角膜移植到了北京顺义县化肥厂37岁的维修班长张成如和北京义利食品厂32岁的女工曲国华眼中。18日上午，记者访问了这两位工人。张成如是在去年9月一次意外事故中被氨水烧伤双眼，致使右眼视觉模糊左眼完全失明的。他泣不成声地对记者说：“失去光明的痛苦，别人无法体会。如今我又能看见了！当我知道是老院长的眼睛……我回到厂里，一定要更好地……”说着，这位不善言辞的男子汉眼睛潮湿，说不下去了。曲国华是在一岁时出麻疹发高烧致使右眼失明的，左眼视力也很低，如今已经整整31年了。角膜移植后，第一次换药，她清晰地看到了医生、病友以及窗外的绿树，惊喜万分。她说：“31年了。我看见了！我的孩子对他爸爸喊着：我妈能看见了！”她接着说：“老院长是世界知名人士，和我非亲非故……我特别感动。我要象他老人家那样，将来只要有机会，也为别人献血，还有器官！”

同仁医院眼科总护士长、北京市五一奖章获得者袁晓凤含着眼泪对记者说：“老院长要知道了，他会欣慰的啊！”

记者还见到了张晓楼教授的家属：女儿张薇，也是一位眼科医生；儿子张维尧是中央机关的一位干部。为保证逝者的眼角膜的新鲜度，需要在人去世后数小时内取出，是张晓楼教授的家人紧密配合医院完成这次捐献的。张薇和张维尧一边掉着眼泪一边说：“我们为父亲的一生感到自豪！”

《光明日报》1990年9月20日

张晓楼教授捐献眼球

生前倡导建立同仁眼库并身体力行

本报讯　原北京同仁医院副院长、眼科医学博士张晓楼教授9月14日逝世后，他的家属遵从张晓楼的遗嘱，将他的眼球捐献给两位患者，使患者盲眼获得新生，实现了他“造福盲人，让光明充满人间”的遗愿。张教授是北京同仁眼库死后捐献眼球角膜的第一位倡导者，他又成为这个眼库诞生后第一位身体力行的人。

张晓楼教授是我国著名的眼科专家，在医疗、教育、科研和防盲事业中卓有建树，有大量著作问世。他对沙眼病原学的研究贡献突出，在五十年代中期，与汤飞凡教授合作，首次用鸡胚分离培沙眼衣原体获得成功，从而搞清了沙眼发病的机制。（张凤莎）

《科技日报》1990年9月21日

月22日　北京晚报

教授的角膜使两工人复明

——著名眼科专家张晓楼教授死后仍造福患者

通讯员　张建枢　本报记者　关春芳

9月14日11时30分，北京同仁医院原副院长、北京眼科研究所名誉所长张晓楼教授溘然去世了。

当日下午4时许，“张晓楼教授捐献遗体眼球仪式”开始了，张晓楼的儿子张维尧哽咽地在父亲身边说：我的父亲毕生为使千千万万失明患者重见光明而努力工作，并多次表示愿意献出自己的眼球，为眼科事业做最后一次贡献。我们家属尊重他的遗愿。何鲁丽副市长同张维尧紧紧地握手。

一位年轻的医生，向自己的老师深深地鞠躬，轻轻地，轻轻地取下了老师眼球上那透明、薄如蝉翼的角膜。

15日下午，顺义化肥厂工人、被氨水烧伤双眼的张成如，北京义利食品厂的工人、从小患角膜白斑的曲国华，云遮雾罩般的角膜被去除了，邹留河医生把张晓楼澄澈的角膜轻轻附着在他们的患眼上。“亮了！”“树这么绿！”当眼罩揭下时，两个人成了最幸福的人。“是我们的老院长把角膜给了你们！”医生们说。“你们真有福气！”病友们说。术后是不允许流泪的。37岁的小张、32岁的小曲都眼泪汪汪。小曲说，我以后就是用张教授的眼睛看世界了，我只有加倍工作来感谢他。“教授的角膜给了我们平民百姓，我不知怎么表达我的心情！”张成如反复向外人诉说着。

全国有90万因角膜病双盲的人，由于捐献健康角膜贫乏，每年我国仅有不到1‰的病人有幸接受角膜移植，重见光明，国民逾十亿的泱泱大国不得不接受印度洋岛国斯里兰卡眼库的馈赠。张晓楼为此心急如焚，到处奔走，同仁眼库终于在今年6月落成了。

在张晓楼带领下，北京眼研所成为亚洲先进的世界卫生组织防盲合作中心，北京同仁医院成为全国眼疾病人的希望所在。

张晓楼，在人民的心中，是和光明共存的名字；张晓楼，一个真正的眼科医生。

泰国风味菜肴在

本报讯　坐落在西四西黄城根北街的泰国皇后酒楼以其“酸、辣、鲜”的独特风味吸引了众多的食客。

这家酒楼特聘的三位泰国名厨，烹调出近三百道酸辣之中见清淡，生猛之中蕴厚淳的泰式特色菜——炸虾饼、龙凤巢、铁板

云南美食团名厨进京献艺

本报讯　云南省滇味美食汇报献艺团，日前来京参加“迎亚运美食节”活动，将闻名遐迩的全羊席送进京城。日前在前门燕春饭庄开设的全羊席，由随团而来的滇菜特一级厨师、有着60多年的烹饪实践的74岁高龄的王富大师主灶，把整只山羊的可食部分一一利用，按部位烹饪成上百道菜式。（买国强）

同春楼举办美食月

本报讯　位于幸福大街36号的同春楼饭庄18日起举办美食月。特请山东特级技师、厨师，实行挂牌服务，推出“鱼茸虾仁”、“扒原壳鲍鱼”、“清蒸原壳鲜贝”等胶东名肴供宾朋品尝，为亚运助兴。

美乐啤酒餐厅经营台湾风味

本报讯　位于亚运村五洲大酒店的美乐啤酒餐厅于9月19日正式开业。该餐厅主要经营大众化的台湾风味菜肴和美国美乐牌啤

《北京晚报》1990年9月22日

张晓楼同志生平

中国共产党优秀党员、北京同仁医院原副院长、北京市眼科研究所名誉所长、著名眼科专家、研究员张晓楼教授，因病医治无效，于一九九〇年九月十四日十一时三十分在北京逝世，终年七十六岁。

张晓楼同志一九一四年一月二十六日出生于河北省正定县。一九三五年就读北平燕京大学医预系，获理学士学位，一九四〇年毕业于北平协和医学院，获医学博士学位；一九四〇年至一九四二年任协和医院眼科医师；一九四一年至一九四六年任河北省正定同康医院医师；一九四六年到北京同仁医院，曾任眼科主任、医院医务主任；一九五四年至一九八五年任副院长；一九五九年起任北京市眼科研究所副所长、所长；一九五〇年至一九六五年任协和医学院眼科副教授、教授；一九七八年任首都医学院眼科教授。一九八五年二月因年事已高，退居二线，担任北京同仁医院技术顾问，北京市眼科研究所名誉所长。张晓楼同志还多次担负过国内外一些重要领导人的医疗保健工作。

张晓楼同志在数十年来，曾先后担任中华医学会常务理事、眼科学会主任委员、科普工作委员会副主任等多种职务，并任《中华眼科杂志》主编、美国《国际代谢及儿童眼科杂志》编委、全国防盲协会副主席、中国残疾人康复协会顾问，同时担任世界卫生组织专家咨询团顾问、美国视觉及眼科研究协会荣誉会员。

张晓楼同志于一九六一年七月加入中国共产党。曾当选为北京市东城区政协委员、北京市第六届人大代表、北京市第七届政协委员。

张晓楼教授从事眼科事业半个世纪，五十年如一日，孜孜不倦，勤勤恳恳，奋斗终生，在医疗、科研、教学和防盲事业中做

出了卓越贡献。为了“造福盲人，让光明充满人间”，遵照张晓楼教授的崇高遗愿，在他逝世后，已将其捐献的遗体眼球角膜为眼病患者做了移植手术，实现了最后的奉献。

张晓楼教授为发展医学、开拓建设我国眼科临床与基础研究事业、为培养专业人才等方面都做出了巨大成就，在国内外享有很高声誉。他在同仁医院眼科担任领导期间，五十年代即开始逐步组织建立眼科专业组，提高了医疗技术水平，为缩短眼病患者等候时间，积极倡导开展门诊内眼手术，方便了病人。他为培养研究生、西藏藏族眼科医生和全国各地进修医生亲自授课，培养了眼科专业干部，桃李遍及各省市，为我国眼科事业的蓬勃开展做出了贡献。

张晓楼同志在献身眼科科研事业上卓有建树，尤其对沙眼的病原学研究有突出贡献。一九五四年开始，与卫生部生物制品研究所汤飞凡教授密切合作，从事沙眼病原体分离培养的研究，经过上百次的取材与实验，终于在一九五五年首次用鸡胚分离方法培养沙眼衣原体，并接种于自己眼睛引起严重沙眼，然后从自己眼睛取材再次分离沙眼衣原体获得成功，解决了眼科医学长期悬案的沙眼病原问题，为衣原体的研究开辟了新途径，为深入研究衣原体性性病及禽畜衣原体病奠定了基础。沙眼病原体分离成功引起世界医学界的关注，得到国外科学家的重复验证和公认。对此，国际上给予高度评价，为祖国争得了荣誉。一九八一年，“国际沙眼防治组织”对此项科学成就在巴黎授予汤飞凡教授、张晓楼教授“国际沙眼金质奖章”，同年，为表彰张晓楼教授在我国广泛开展防盲及防治沙眼工作中作出的贡献，亚洲太平洋眼科学会向他颁发卓越工作奖状。一九八二年又获我国国家自然科学二等奖。

一九五九年北京市眼科研究所成立，这是我国第一所眼科专业的基础科研基地，在张晓楼教授的指导下建立了各基础研究

室，开展了多方面的科研项目，不断地取得成就。在分离衣原体成功的基础上，对沙眼衣原体和临床防治继续深入研究，即使在“十年浩劫”受到冲击的困难情况下，仍矢志不移，亲自带领所内同志多次下乡调查、防治沙眼，为治疗沙眼筛选100多种中西药，继续实验研究，不断探索，在世界上首先将“利福平”眼药用于临床。粉碎“四人帮”后，他老当益壮，积极领导研究所的同志对沙眼防治工作进行研究，探讨沙眼发病机理、衣原体电子显微镜超微结构观察等。把全部精力投入科研工作，多次获得市及国家科技成果奖励。

张晓楼教授以强烈的事业心和责任感为发展眼科事业呕心沥血，付出了巨大的努力。为提高眼科医生业务水平，了解学习世界各国眼科进展与动态，交流国内眼科情报，在他的领导和关怀下，研究所承担了中央级期刊《国外医学眼科学分册》及《中国医学文摘眼科学》的编辑出版工作，获得了国内眼科学界的普遍赞誉。他治学严谨，勤奋好学，医德高尚，医技精湛，关心人民疾苦，关心残疾人康复工作。一九五六年建议我国将防治沙眼列入农业发展纲要，成为眼病防治的首要任务。他深入基层，调查和诊治病人，参加赴农村医疗队，满腔热情地为人民服务。在全国防盲工作中，他不顾高龄和身患疾病，亲自去农村及边远地区实地考察、培训人员，推动全国防盲治盲工作的开展。他说：“做为一个眼科医务工作者，不能忘了农村”。多年来，他关心科学普及工作，尤其重视通过报刊、电台、电视等多种宣传工具进行眼病防治的宣传。为了加强国际间学术交流，张晓楼教授曾多次出访日本、法国、美国、印度、瑞士、朝鲜等国家和地区，参加国际学术会议，掌握国内外眼科动态，运用新理论和先进经验指导科研和临床实践。他领导组织翻译了《盖氏眼科学》，编写了《眼科手术学》、《眼科学》等著作。发表九十余篇高水平的论文，为眼

科教育事业做出了突出贡献，留下了宝贵的科学遗产。

张晓楼同志一贯热爱党，热爱社会主义祖国，坚决拥护党的各项方针政策，对党忠诚老实。在党的教育下，他从一个埋头眼科医学事业的高级知识分子，成长为一个具有共产主义伟大理想的优秀专家，真正做到了又红又专。他为人热忱诚恳，平易近人，团结同志。在长期的医疗、科研实践中，他以全心全意为人民服务为宗旨，严格要求自己，多次抱病参加义诊活动，深受医务人员和广大患者的称赞和尊重。住院期间，仍关心研究所和医院大楼的建设及眼科事业的发展，对北京同仁眼库的成立给予了极大关注，他是眼库成立后捐献眼球志愿者的第一人，真正做到了“春蚕到死丝方尽”的无私奉献。他的眼球角膜已移植到二位失明工人的眼睛，使得他们重见光明。他以高尚的情操和崇高的品德，忠实地实践了自己的入党誓言——“愿为共产主义事业奋斗到底，献出我的一生，甚至我的生命”。

张晓楼同志的一生是优秀知识分子光辉的一生，他的不幸逝世，使党和人民失去了一位学识渊博的医学专家，使医学界失去了一位济世育人的好导师，使我们失去了一位德高望重的好同志。他的逝世是我国眼科医学事业的一个重大损失。

我们悼念张晓楼同志，要化悲痛为力量，继承他的遗志，学习他的优秀品质。为发展我国的医疗卫生事业，为实现祖国的社会主义现代化而努力奋斗！

中共北京同仁医院委员会
北京同仁医院
北京市眼科研究所
一九九〇年九月二十六日

《北京卫生政工研究》1990年9月26日

著名眼科专家张晓楼逝世

彭真乔石李铁映李锡铭陈希同等送花圈
李锡铭陈敏章等参加遗体告别仪式

本报讯（记者钟卫宁）中国共产党优秀党员、市眼科研究所名誉所长、著名眼科专家、同仁医院眼科主任医师张晓楼教授，因病于9月14日11时30分逝世，终年76岁。向张晓楼遗体告别仪式26日在八宝山革命公墓礼堂举行。

彭真、乔石、李铁映、李锡铭、陈希同、陈敏章等送了花圈，李锡铭、陈敏章等参加了遗体告别仪式。

张晓楼教授为发展我国的眼科事业呕心沥血。他治学严谨，医德高尚，医技精湛。他不顾高龄，亲自去农村及边远地区检查并进行防盲治盲工作。晚年患病后，他还带着心脏起搏器，积极参加迎亚运义诊活动。他多次倡导成立同仁眼库，并成为眼库成立后捐献遗体眼球的第一人。

昨天，是亚运村运动员餐厅普普通通的一天，我却在这里看到一个个动人的场面。

1天

说上万句“您好”

运动员餐

本

《北京日报》1990年9月28日

市领导表示志愿身后捐献眼角膜

北京同仁眼库董事会今天成立，并深切哀悼张晓楼教授

本报讯（记者关春芳　实习生杨晟）眼科专家张晓楼教授把最后的光明留给盲人，曾感动了千百万人。清明前夕的今天，在北京同仁眼库，各界人士对他表示哀悼。李志坚、何鲁丽表示，北京市委、市政府领导要带头填写志愿书，身后捐献眼角膜。

市委宣传部部长李志坚说，社会主义国家必须两个文明一起抓。同仁眼库是市精神文明建设的一颗明珠，精神文明就是要讲奉献，讲埋头实做，讲发动群众积极参与。何鲁丽副市长说，北京是首都，精神文明建设应争创一流。全国残联副主席刘京则说，让盲人复明也是物质文明建设的大事，很多盲人脱盲后，从靠国家补助的贫困户一跃成为向国家交售余粮的富裕户，说明造福盲人的事业直接发展了生产力。

今天，北京同仁眼库理事会正式成立。理事会负责人说，全国约有四五百万因角膜致残的盲人（包括单眼盲），每年仅能手术700例，远不能适应盲人需要。该理事会将对眼库指导、监督、支持，动员社会上更多的人身后将尸体透明的角膜献给盲人。

赵朴初、顾英奇、何鲁丽为理事会名誉理事长，刘俊田为理事长。

《北京晚报》1991年4月4日

把光明作为对世界的高尚遗赠

979人志愿身后捐献眼球

同仁眼库理事会成立

本报讯（记者钟卫宁）北京同仁眼库理事会昨天成立。市领导李志坚、何鲁丽表示要带头身后捐献眼角膜，并已签了名。

据对全国残疾人抽样调查，我国因角膜病致盲者约400万人，其中85%是青壮年和少年儿童，大部分人可以通过角膜移植脱残脱盲。目前，世界上许多国家成立了眼库，进行角膜移植手术（角膜移植资料见第二版）。据悉，美国有眼库100个，日本有44个，斯里兰卡有500万人志愿捐献眼球，并为世界80多个国家和地区提供角膜。我国目前仅有小型眼库4至5处，远远无法适应几百万角膜病人的需要。

北京同仁眼库自去年6月成立以来，已有979人报名志愿捐献遗体眼球。我国著名眼科专家张晓楼教授成为眼库成立之后志愿捐献眼球的第一人。张晓楼教授的角膜已移植到二位失明工人的眼睛上，使他们重见光明。为进一步推动社会各界力量，捐献遗体眼球，提倡无私奉献的崇高精神，同仁眼库成立理事会，并聘请卫生部副部长顾英奇、副市长何鲁丽担任同仁眼库理事会名誉理事长。刘俊田为理事长。

市委常委、宣传部长李志坚到会对同仁眼库理事会成立表示祝贺。他说，为同仁眼库捐献角膜，不仅是为盲人重见光明的事业，也是对整个社会主义精神文明建设的奉献。这是一项很有意义的工作，应该发动群众广泛参与。

副市长何鲁丽在发言中指出，无私奉献，造福盲人，同仁眼库是起点，也是落脚点。要通过这项有意义的工作，使首都群众的素质、觉悟、道德水平有一个较大提高。

市府召开现场会要求

严防山林火

本报讯（记者王增民）今年清明节期间，市政府要求全市人民……号召大家栽棵松柏寄哀思。这是记者从市政府日前在昌平县召开的现场会上了解到的。

《北京日报》1991年4月5日

内部资料

北京卫生政工研究

《廉洁行医》专辑

（第1期）

北京市卫生系统思想政治工作研究会秘书处编　　1991年6月10日

前　言

何鲁丽

为了广泛宣传北京市各医疗卫生单位在医德医风和廉政建设中的先进人物和先进事迹，北京市卫生系统思想政治工作研究会将陆续编印《廉洁行医》专辑，这是一件好事。我希望这些材料能够推动北京市的医疗卫生工作。

《廉洁行医》专辑第一期反映我敬重的医学界前辈张晓楼事迹。张晓楼同志从事眼科事业半个多世纪，把全部心血倾注到盲残病人的身上，为千千万万失明患者带来了光明，不愧是人民的“光明使者”。他作为眼科的学科带头人和同行们共同奋斗，使北京眼科研究所、北京同仁医院的眼科临床和科研工作达到了较高水平，受到了广大眼疾患者的好评。张晓楼同志生前曾为盲残病人因角膜缺乏得不到有效治疗而心急如焚，他四处奔走，多方呼吁，积极组织，终于创立了同仁医院眼库，为盲残患者的治疗，带来了希望的光明。张晓楼同志因病逝世后，按照他生前的遗愿，捐献了眼球角膜，给两位青年工人带来了一个光明的彩色世界。张晓楼教授以自己的实际行动，表现了一个眼科大夫的执著追求和无私奉献的高贵品格，做出了他一生中对盲残病人最后一次充满爱心的奉献，实现了他生前给人民带来光明，死后把光明留在人间的心愿。

张晓楼同志就象一颗默默燃烧，永不熄灭的火种，给盲残病人点燃一片光明。如今，北京同仁医院眼库理事会在社会各界的大力支持下，正式成立了。它将完成张晓楼同志未竟之业，负责动员、组织社会更多的人身后捐献眼球角膜，造福盲人、造福民族、造福社会。现在，越来越多的医务工作者、干部、青年、老人、学生及全国各地的有识之士陆续加入了志愿身后捐献眼球的队伍。无私奉献的文明之风，将吹遍中华大地，无私奉献的圣洁之火，将会让光明充满人间。张晓楼，一个永远与光明同在的名字。

无私奉献　造福盲人

——记张晓楼同志光辉的一生

张晓楼同志一九一四年一月二十六日出生于河北省正定县。一九四〇年毕业于北平协和医学院，获医学博士学位；一九四六年到北京同仁医院，曾任眼科主任、医院医务主任；一九五四年至一九八五年任副院长；一九五九年起任北京市眼科研究所副所长、所长；一九五零年至一九六五年任协和医学院副教授、教授；一九七八年任首都医学院眼科教授。一九八五年二月担任北京同仁医院技术顾问、北京市眼科研究所名誉所长。张晓楼同志还担负过国内外一些重要领导人的医疗保健工作。

张晓楼同志在数十年来，曾先后担任中华医学会常务理事、眼科学会主任委员、科普工作委员会副主任等多种职务，并任《中华眼科杂志》主编、美国《国际代谢及儿童眼科杂志》编委、全国防盲协会副主席、中国残疾人康复协会顾问，同时担任世界卫生组织专家咨询团顾问、美国视觉及眼科研究会荣誉会员。

张晓楼同志于一九六一年加入中国共产党。曾当选为北京市东城区政协委员、北京市第六届人大代表、北京市第七届政协委员。

张晓楼教授从事眼科事业半个世纪，五十年如一日，孜孜不倦，勤勤恳恳，在医疗、科研、教学和防盲事业中做出了卓越贡献。为了“造福盲人，让光明充满人间”，遵照张晓楼教授的崇高遗愿，在他逝世后，已将其志愿捐献遗体眼球的角膜为眼病患者做了移植手术，实现了最后的奉献。

张晓楼教授在发展医学、开拓建设我国眼科临床与基础研究事业、为培养专业人才等方面都取得了很大成就，在国内外享有很高声誉，尤其对沙眼的病原学研究有突出贡献。一九五四年开始，与卫生部生物制品研究所汤飞凡教授密切合作，从事沙眼病原体分离培养的研究，经过上百次的取材与实验，终于在一九五五年首次用鸡胚分离方法培养沙眼衣原体，并接种于自己眼睛引起严重沙眼，然后从自己眼睛取材再次分离沙眼衣原体获得成功，解决了眼科医学长期悬案的沙眼病原问题，沙眼病原体分离成功引起世界医学界的关

2

注，得到国外科学家的重复验证和公认。对此，国际上给予高度评价，为祖国争得了荣誉。一九八一年，“国际沙眼防治组织”对此项科学成就在巴黎授予汤飞凡教授、张晓楼教授“国际沙眼金质奖章”，同年，为表彰张晓楼教授在我国广泛开展防盲及防治沙眼工作中作出的贡献，亚洲太平洋眼科学会向他颁发卓越工作奖状。一九八二年又获我国国家自然科学二等奖。

一九五九年北京市眼科研究所成立，这是我国第一所眼科专业的基础科研基地，在张晓楼教授的指导下建立了各基础研究室，开展了多方面的科研项目，不断取得成就。即使在“十年浩劫”受到冲击的困难情况下，他仍矢志不移，亲自带领所内同志多次下乡调查、防治沙眼，为治疗沙眼筛选100多种中西药，继续实验研究，不断探索，在世界上首先将“利福平”眼药用于临床。粉碎“四人帮”后，他老当益壮，积极领导研究所的同志深入探讨沙眼发病机理、衣原体电子显微镜结构观察等。把全部精力投入科研工作，多次获得市及国家科技成果奖励。

张晓楼教授有强烈的事业心和责任感，为发展眼科事业呕心沥血，付出了巨大的努力。他治学严谨，勤奋好学，医德高尚，医技精湛，关心人民疾苦，关心残疾人康复工作。在全国防盲工作中，他不顾高龄和身患重病，亲自去农村及边远地区实地考察，培训人员，推动全国防盲治盲工作的开展。他说：“做为一个眼科医务工作者，不能忘了农村”。尤其重视通过报刊、电台、电视等多种宣传工具进行眼病防治的宣传。张晓楼教授曾出访日本、法国、美国、印度、瑞士、朝鲜等国家，参加国际学术会议，掌握国内外眼科动态，运用新理论和先进经验指导科研和临床实践。他领导组织翻译了《梅氏眼科学》，编写了《眼科手术学》、《眼科学》等著作，发表九十余篇论文，为眼科教育事业做出了突出贡献，留下了宝贵的科学遗产。

张晓楼同志一贯热爱党，热爱社会主义祖国，坚决拥护党的各项方针政策，对党忠诚老实。在党的教育下，他从一个埋头眼科医学事业的高级知识分子，成长为一个具有共产主义伟大理想的优秀专家，真正做到了又红又专。他为人热忱诚恳，平易近人，团结同志。在长期的医疗、科研实践中，他以全心全意为人民服务为宗旨，严格要求自己，多次抱病参加义诊活动，深受医务人员和广大患者的称赞和尊重。住院期间，仍关心研究所和医院大楼的建设及眼科事业的发展，对北京同仁眼库的成立给予了极大关注，他是眼库成立后志愿捐献眼球的第一个人，真正做到了“春蚕到死丝方尽”的无私奉献。他的眼球角膜已移植到二位失明工人的眼睛上，使得他们重见光明。他以高尚的情操和崇高的品德，忠实地实践了自己入党誓言——“愿为共产主义事业奋斗到底，献出我的一生，甚至我的生命”。

中共北京同仁医院委员会

北京同仁医院

北京市眼科研究所

《北京卫生政工研究》1991年6月10日（一）

悼念我们最亲爱的爸爸

张 甜

爸爸辛勤工作一生以后，终于离开我们而去了。爸爸您热爱祖国，热爱事业，为中国的眼科事业奋斗了一生。您埋头苦干，刻苦好学，您性格刚毅，不屈不挠，您对人真诚，光明磊落，您为人正直宽厚为怀。

您热爱祖国，记得北京解放前，您办好了去美国留学的手续，但为了迎接北京的解放，您毅然改变了主意而没有走。您对新中国满怀着热情和希望，在新中国成立之际，您高兴地带领我们全家到天安门参加开国大典。

您热爱事业。50年代，为了建立中国的第一个眼科研究所，您到处奔走呼吁，记得那时您向宋后说过“如果不进行基础研究，临床的提高是很困难的。”您说“要想建立起眼科研究所，有这么多的困难，但是不管多难，我一定要办到它，否则死不瞑目。”经过了艰巨的努力，终于实现了您的愿望。

旧中国的农村甚至城市，沙眼严重，有的年纪轻轻就因沙眼而失明。这些您看在眼里，痛下决心要改变这种状况。您千方百计寻找各种途径，想找到解决的办法。为了确证分离到的东西是沙眼病原，您将它接种到自己的眼里，眼睛红肿的很厉害，十分痛苦，但您说“这正是我所要的，它引起的是典型的沙眼，说明这是沙眼的病原体”。

在您的一生中，您从没有停过脚步，几十年如一日。每日下班回来，要看书看到夜里12点以后，我们已经睡醒一觉了，您还在看书。在炎热的夏日酷暑，人们都休息了，但一把扇子、一块湿毛巾伴随着您，仍然专心致志的看书学习。您不但看眼科学的书和杂志，还看其它方面的书。您常提出一些免疫学问题与大家讨论，您在免疫学方面的知识和一些看法，至做了多年免疫研究的大姐感到非常佩服。您的这种刻苦学习，孜孜不倦的精神，对我们是一种无声的教育。我们参加工作了，您鼓励我们要刻苦工作，有时我们因工作忙长时间不能去看您，您接到电话总是高兴地说：“忙就好，忙就好”。

您对人宽厚为人正直。在家中，我们从没听您说过谁不好，但却常听到您谈别人的优点。当我们问您如何处理复杂的人事关系时，您说“对人诚恳，为人正直是最基本的，不要和别人计较，不要嫉妒别人”。当我们听到别人的闲话而生气时，您常说“不要把那些当成主要的，小人常戚戚，君子坦荡荡。”

在近60年的岁月里，您始终如一的以高度的热忱工作着。您取得了很多成绩，我们体会到是不容易的，困难来自各方面，但您在党的领导和群众的支持下，始终不屈不挠，在困难面前更显示出了您刚毅的性格，您像一个钢铁打的汉子，什么风浪打到身上您都能承受，您谆谆教导我们不要骄气，您说过“我就喜欢泰山压顶不弯腰的性格”。亲爱的爸爸，您就是这样的一个人，外表看着是那样的亲切、慈祥，内心的气质又是那样的坚毅刚强，我们为有这样一个父亲而骄傲！

4

悼念张晓楼教授

北京市眼科研究所　张敦核

张晓楼教授因病不幸逝世，这是我国眼科界的重大损失。

我于1950年来北京，在同仁医院眼科的一间小办公室里，张教授热情地接见了我。他体高魁壮，态度和蔼，平易近人。他给我介绍了一些院里科里的情况，又亲自带我到眼科各部门参观，以后安排我在他领导下工作。转瞬间四十年过去了，但是我与张教授初次见面的情景依然历历在目，如在昨天。

张教授为同仁医院眼科和我国眼科事业的发展，呕心沥血，虽然他晚年疾病缠身，仍在院内、眼科研究所和国内外各地工作和奔波，推动我国眼科事业的发展和沟通中外眼科学术，尽力做了许多工作，获得优异的成就和荣誉。

张教授从事致盲率高的沙眼研究，与著名的汤飞凡教授合作，首次成功地分离了沙眼衣原体，还用他们自己的眼睛做了试验和一系列的治疗和观察，举世闻名，对医学做出卓越的贡献。

张教授晚年大声急呼防盲治盲，亲自带领医护人员到农村，开展防盲治盲工作，以京郊的大兴县和河北省正定县农村为试点，培养中、初级防盲治盲专业人员，取得很大成绩，带动了全国各地的防盲治盲工作。

张教授为一生是为眼科事业无私奉献的一生，在他病故之后，按他的遗愿向同仁眼库捐献自己的眼球，给予患者光明和幸福，为我们树立了光辉的榜样。我们要学习他热爱眼科事业的精神，毕生为眼科事业而奋斗！

“春蚕到死丝方尽”

眼科专家张晓楼教授的无私奉献精神

北京市眼科研究所　关　浩

张晓楼教授从事眼科事业半个世纪，五十年如一日，孜孜不倦，勤勤恳恳，在医疗、科研、教学和防盲事业中做出了卓越贡献。

眼科研究所成立之后，张晓楼所长非常兴奋，这是我国第一所眼科专业的应用基础科研基地，在他的指导下建立了七个研究室，人员从4—5个人逐步发展到近百人。他日日夜夜在这里把他的知识、精力全部献给了眼科事业，直到与世长辞之后，还将自己的眼球献出来，救治了两名失明的患者，真正做到了“春蚕到死丝方尽”。

张晓楼教授重视基础实验室研究工作，并亲自参加实验工作。记得在搞眼球玻璃体出

5

血机化后中西药治疗的科研课题时，首先造动物模型，每天都要检查兔眼底血管变化，特别是给药后的观察更是要细致客观。当时由于经费不足，没有实验动物室，每天只能到同仁医院莲花池临时动物场进行观察。他老人家每天兴致勃勃地带领我们几个人坐公共汽车，下车后有一段极难走的路，特别遇到一条河，更确切地说是一条污染了的大水沟，找不到桥过去，行人要从一根大粗铁管上穿过，我们几个年轻的，一跑就过去了。他老人家年过半百，行动不灵活，平衡不好，只好每天爬爬而过。我们都是他的晚辈，看到他对工作如此赤诚，真让人感动敬佩，今天回忆当时情境，真是催人泪下。他永远活在我们的心中。

张晓楼教授对工作认真负责，重视第一手科研资料。他在参加实验工作时，极为认真观察，并做好实验记录。记得为找出能化瘀的中药曾进行上百种中药的筛选提制工作。有一次我们提制一种中药时，他亲自研磨，当时金秀英教授和我一起帮助他工作，由于该药有使粘膜水肿、渗出效果，他老人家唇裂口、舌发麻，接着我们三人唇、鼻水肿，流鼻涕，口水不止，痛苦万分。但他老人家还风趣地说，我们可首先体验了中药的威力，并将这种反应记在记录上。

我们和他工作几十年，这样的事例很多，他都以身做则，带动了一批中、青年科技干部扎扎实实为眼科事业努力地工作着。

张晓楼教授能够忘我的工作一生，就因他无比热爱自己的祖国，志愿为祖国的眼科事业的发展献出自己的一生。正象邓力群同志在同仁眼库成立时说的那样：“我们共产党员有一条宗旨，就是全心全意为人民服务，服务到死那天为止，人死后经医生检查，医学界处理，照样可为人民服务。”张晓楼教授做到了这点，他是一名真正的共产党员，他是我们心目中的又红又专的榜样，永远激励我们向前进。

《北京卫生政工研究》1991年6月10日（二）

《北京卫生政工研究》1991年6月10日（三）

难忘的时刻

王德泉　吴　洁

1975年，毛泽东主席的眼睛患白内障，不能翻阅文件。张晓楼教授接受周恩来总理的指示率医疗小组进中南海为毛主席治疗眼病。张教授怀着对领袖十分崇敬的心情，深感责任重大。他和同志们对病情进行了反复的研究，果断地作出了进行手术的决定。每次对主席的瞳孔进行扩散观察眼底之前，周总理总是要求先用自己的眼睛作试验，然后再给主席检查。张教授望着总理日见削瘦的面庞，感动极了。他常说："周总理，伟大啊！我们做人，就应该像他老人家那样具有伟大的品格啊！"从此，张教授对自己的要求更严格了。

作为经验相当丰富的教授，在为主席治眼病期间，张晓楼仍以惊人的毅力彻夜不眠地翻阅和研究大量的资料。手术前，他又与有关人员反复研究了手术方案，他知道自己肩负着怎样的责任。经过多方的努力，手术获得了成功。毛泽东主席能看报纸了，他老人家高兴地与张晓楼教授及有关人员合了影。

1976年7月，张晓楼教授再次检查了毛泽东主席的眼睛后，决定为主席配制一付眼镜，以增强老人家的视力。7月28日，唐山发生的大地震，波及北京。震后的第二天，在人们都在为搭抗震棚而忙碌的时候，年逾花甲的张教授却只身一人在已停工的眼镜工厂用自己的双手为领袖磨着镜片。这里，不仅仅倾注了一名知识分子对领袖的爱心，更充分体现了一名眼科医务人员的高度的责任感。

（摘自《科技发展与改革》1991年第二期）

死而不已　造福人类

人固有一死。死亡，意味着人生旅程的终结，人们常称赞那些终生无私奉献的人"鞠躬尽瘁，死而后已。"张晓楼教授生前为我国的眼科医学事业做出了巨大贡献，去世后仍然留下了自己的眼睛，完成了对人类的最后的奉献——给他人带来光明。可称"死而不已"，他的这种精神是何等崇高啊！

我国虽然有上百万的盲人，但也是角膜资源最丰富的国家　　每年死亡人数近七百万。然而，由于几千年遗留下来的旧传统观念的束缚，以及一些其他方面的原因，我们两百万因角膜病致盲的同胞一直难以彻底地解脱失明之苦。可喜的是，眼库及数千名志愿死后捐献眼球者的出现，为捐献眼球，造福视力残疾人的人道主义事业开拓了道路，有了一个良好的开端，这条路一定会越来越宽。

人的一生，应为他人、为社会、为人类做点贡献。那些努力使自己的存在给他人带来快乐和幸福的人，是高尚的、值得尊敬的。据悉，北京市今年清明之际，将为捐献眼球者举行悼念活动。那些为人类幸福作出积极贡献的人，将永远活在人们心中。

在科学技术飞速发展、物质水平不断提高的今天，人们渴望生活幸福，爱心永存。我们相信，只要大家都献出一点爱，我们的生活将变得更加美好，这需要我们每个人的努力。

（《人民日报》一九九一年三月十九日编者的话）

7

留 下 光 明 在 人 间

赵蓓蓓

视觉的消失往往使人内心深处产生一种与世隔绝的感觉，这种痛苦是健全的人难以体验到的。我国有700余万盲人，他们只能靠嗅觉、触觉和听觉探索世界。光明是他们共同的渴望与梦想。

梦想与现实的桥梁

在所有致盲的眼病中，角膜病占第二位。我国因角膜病致盲的患者有200万左右。角膜移植术的发明，为这类盲人架起了一座连接梦想与现实的桥梁。

角膜移植术就是通过手术将有病的角膜去掉，换上一个他人的健康角膜。这项技术可使90%的盲眼复明。这种手术，美国每年进行1.5万例，英国1400例，而我国每年只有400人有幸被引进这希望之门。原因不是技术不行，而是角膜材料奇缺！

角膜材料的来源主要是刚刚死亡的人的眼球。只要死者没有传染病、性病、恶性肿瘤、血液病、角膜病等疾病，其眼球均可作为角膜材料。据统计，我国每年死亡后火化者约180万。也就是说，假如他们都捐出眼球，一两年之内就可以满足全国所有角膜致盲患者的需求。但是，由于传统观念的束缚以及宣传不足等原因，角膜捐献在我国一直是个空白，成百上千的失明患者不得不在黑暗中苦苦地等待。

一石激起千层浪

中国眼科医学巨擘、曾为毛泽东等众多高级领导人和国际友人诊病的北京同仁医院老院长张晓楼教授，始终没有忘记那上百万盲人患者。他最早倡议建立死后捐献眼球的眼库，并为之奔走疾呼。1990年6月12日，我国第一个大型眼库——北京同仁眼库成立后，他又志愿死后捐献眼球。张晓楼教授于1990年9月14日病逝，他的两个角膜分别被移植到北京顺义县化肥厂张成如和北京义利食品厂曲国华眼中，使他们的盲眼得以复明。张教授的生命在两个素不相识的人身上延续着，他的精神则注入到更多人的心中。越来越多的人开始关注张教授曾为之呕心沥血的"救盲"事业。

在同仁眼库志愿捐眼登记簿上，全国政协副主席赵朴初名列第一。目前，全国各地、各行各业、各个年龄层次已有800多人志愿向同仁眼库报了名，有的夫妻双双登记，有的全家联名申请。

"多一个捐献者，就少一个残疾人！"

是什么促使这些人走进志愿者的行列呢？在北京，我采访了其中几位。

北京市盲人学校物理教师韩萍，1983年毕业于北师院物理系，她的话包含着对盲童深厚的感情和理性的思考："这其实是个科学问题，我和丈夫都是学物理的，更清楚人死

8

后，烧也就烧了，眼球对死人无所谓，盲人就有很大意义。若能使他们看见点，他们就能做很多事。人与人之间应有仁爱之心，互相帮助。"韩萍和她的丈夫周安都志愿死后捐献眼球，以解救盲童。

如果说，死后捐献眼球对青壮年来讲还是比较遥远的事，那么，对已经步入老迈之年的老人来说，恐怕就是个比较现实的问题了。退休前是北京生物制品研究所普通干部的81岁的杨蔚对此直言不讳："我认为，捐献遗体是老年人安排后事的最好办法，这贡献不大，造福不浅。献遗体、献眼球本人没有一点痛苦，在有些人看来是分尸，我认为是最舒服的事。一想到死后还有这么大用处，心里就感到很痛快。"对杨蔚捐献遗体眼球的举动，他75岁的老伴的回答是："我没意见，支持。"他们的女儿对记者说："我们并未鼓励父亲这样做，但对他的做法很理解，我的两个上高中的孩子听说后，都对姥爷非常崇敬。"

为他人做点什么，这是所有志愿者的共同出发点。"人死如灯灭"，用自己的"余光"去点亮他人，何乐而不为？！

在同仁眼库成立10天后，协和医院眼库在中国残联的支持下也告成立。目前志愿者已达2000，其中原北京景山学校教师孔贺的角膜已挽救了两个盲人患者。浙江省援助盲人复明协会去年9月成立。这之前，浙江省残联、卫生厅等部门曾联合发起死后捐献眼球活动，副省长许行贯成为此项活动的第一个志愿者。到协会成立时，报名已逾2000。

眼库的成立，给盲人患者带来了希望之光，引发了他们中许多人深埋心中的梦想。17岁的盲人学生刘鸣兴奋地说："多一个捐献者，就少一个残疾人！"

伟大而艰难的事业

尽管社会上已有数千名死后捐献角膜的志愿者，但真正实施的只有两人。原因很简单，其他人都健在。依靠几千个志愿者，机会毕竟太少了。

在只有1400万人口的斯里兰卡，签字保证死后捐献眼球者高达500万人。这个国家的眼球协会自1961年成立以来，已向世界各国赠送眼球2.7万对。日本全国设了数十个眼库，志愿者近25万；美国、加拿大也设有六七十个眼库。有如此众多的志愿者和眼库，才使大量的角膜移植手术得以实施。而我国，目前除同仁、协和眼库外，只有上海、广州极少数大城市设有小型眼库，远不能满足患者的需求。

"造福盲人，让光明充满人间"。这是张晓楼生前给同仁眼库的题词。为了这项伟大事业，医务工作者们在艰难的条件下默默耕耘着。位于北京崇内大街后沟胡同17号的同仁眼库，目前只有一间约15平方米的办公室和一间无菌室。4名工作人员就在这样的条件下进行着眼库的实验研究及社会组织工作。

同仁眼库负责人、北京眼科研究所所长张士元说："要解救所有被角膜病折磨的视力残疾者，需在全国建立眼库网络，有大量繁杂的具体工作要做。"他恳切希望社会各界给予大力支持。

这是一项崇高的事业。愿每个人都能为这条通往光明的大道铺石铺路。

愿有一天，我国志愿者的眼球能为解救世界3000万盲人作出贡献。

愿光明充满人间！

（转自《人民日报》1991年3月9日二版）

9

让光明充满人间

——记著名眼科专家，共产党员张晓楼教授

宋红星 张建国

1990年9月16日，北京同仁医院眼科病房。医生轻轻地绕下他和她眼上的纱布，他们惊喜地喊道："看见了、看见了！"他是顺义县化肥厂的维修班长张成如；她是义利食品厂女工曲国华，当他们得知是头一天刚去世的张晓楼教授的眼角膜移植到自己盲眼上时，激动得泣不成声，哽咽着说："失去光明的痛苦，别人是无法体会的……老院长是世界知名人士，逝世后还把光明留给我们普通人……"

是啊，追溯张晓楼充满沧桑的一生，可以看到，他无时无刻不在想着千千万万个盲人和眼疾患者。他说：只要一息尚存，我对眼疾的治疗和研究就须臾不止。

选 择

1940年，张晓楼获得协和医学院博士学位。导师问他："毕业后搞哪个专科？"

"眼科。"张晓楼毫不犹豫地回答。

"为什么选择眼科？"

"它能使一些盲人重见光明。"

此时，他眼前浮现出无数个衣衫褴褛、眼睛红肿的农民在"黑暗"中用棍棒摸点着摸索行进。

张晓楼1914年出生在河北省正定县一个贫穷落后偏僻的村庄。他对旧中国农民的生活太熟悉了。由于贫困，再加上缺医少药，许多人害了眼病得不到治疗而致盲。那一双双红肿的眼睛在他的脑海里打下深深的印记。一年暑假，他回到家乡，一位患白内障的农民听说他在北京上医学院，找上门儿来请张晓楼为他治病。张晓楼带他到北京做了手术。失明的人突然看见了眼前的世界，"看见了！看见了！"的兴奋喊声久久地回荡在张晓楼的耳际。从此，他立下终生志向——攻克眼科疾病，为广大劳动人民解除痛苦。

追 求

"十人九沙"——这是解放初期在中华大地上广为流行的说法。

据记载：全世界的盲人中约四分之一左右的人是因沙眼造成的。而当时全国4.5亿人口，就有50%的人患沙眼，北方的农村沙眼发病率高达95%。

那年月，沙眼已成公害，严重危害着人民，也威胁着新生共和国的建设事业。

每天来北京同仁医院医治沙眼的有数百人。1954年时任同仁医院副院长的张晓楼一天要看六七十例沙眼患者。一双双近乎失明的眼睛无不撞击着他的心扉。当时还没有治疗沙眼的特效药呢。

怎样才能有效地根治沙眼，制止其蔓延？这个问题经常困绕着张晓楼夜不能寐。

"必须找到沙眼衣原体！"1954年张晓楼终于下决心向这个眼科新领域进军。

艰难的攀登开始了。

张晓楼和微生物专家汤飞凡等人在2500多只小白鼠脑内接种试验，均未分离出来。实验是枯燥的。他们每天跟小白鼠、镊子、显微镜打交道，眼睛累红了，花了，眉头锁得更紧了。

此路不通，另辟蹊径。作为科学工作者，他们深深懂得，"在科学的道路上没有平坦的大道，只有不畏劳苦沿着陡峭山路攀登的人，才有希望达到光辉的顶点。"

改用鸡胚接种，他们采集了200多患者的沙眼标本接种到几千只鸡胚内培养分离，反复实验，整整一年的时间。1955年，终于在高倍显微镜下，发现了染色标本中有一些小红颗粒状的微生物。这大概就是他们日夜寻觅的目标吧？

怎能证实这就是沙眼衣原体呢？除了实验外，只有把它接种到人体眼内，诱发沙眼，再次分离到同样物质方可证实。要知道真正的沙眼衣原体还可能导致其它疾病，接种上是要冒很大风险的。

科学工作者谁不愿为科学而献身呢？报名接种者争先恐后。

两位教授被同志们的精神感动了。但张晓楼想：自己是医院的领导，又是学科带头人，要牺牲首先应该是自己。他和汤飞凡毅然决然地在自己眼睛上接种了那些未知的微生物。

很快，两位教授的眼睛开始病变——红了——肿了——流出分泌物……典型的沙眼症状！

张晓楼的夫人看着丈夫烂桃似的眼睛，心里怕急了，这要是瞎了可怎么办？平时在家只知看书，很少言谈的张晓楼却表现出异常的兴奋，眼睛越肿得厉害越高兴，不住地说："这就是我所要的。"

世界首创沙眼衣原体分离成功了！这是继1907年一捷克学者发现沙眼包涵体之后，半个世纪内，世界眼科学界最重要的贡献。张晓楼、汤飞凡在沙眼研究方面为中国人在世界上赢得了一个"零的突破"。从此，世界医学界又掀起一个研究沙眼的热潮。1981年"国际沙眼防治组织"在巴黎将一枚镶嵌着一双明亮眼睛图案的闪闪发光的国际沙眼金质奖章颁发给张晓楼和汤飞凡（已故）。

在张晓楼的倡议下，防治沙眼写进了1958年制订的《全国农业发展纲要》。自此中国开始了大张旗鼓地预防、治疗沙眼工作。张晓楼带领医疗队来到农村、厂矿、边远山区，一个地区一个地区地围歼沙眼。到1965年全国沙眼的发病率大大降低，目前致盲原因由第一位降到第四位。

科学是无止境的。即使在"文革"期间，张晓楼受到极不公正的待遇，也没有停止向更高的峰巅攀登。当他从国外的资料上看到抗结核药利福平能阻断酶DNA和RNA聚合酶时，立刻想到沙眼衣原体中含有此酶，何不用利福平治疗沙眼！经实验，利福平的疗效比当时较有效的四环素和磺胺类药效果好得多。利福平眼药水在中国问世了！把利福平用于治疗沙眼我国先于国外两年。

如今沙眼已不再是威胁人民健康的眼病了，这里浸透着张晓楼的心血。

遗 愿

眼科门诊室。一位小伙子扑通给张晓楼跪下："大夫，我不能没有眼睛啊，我宁愿拿一只手换一只眼啊！"声声哭喊像刀子般扎在张晓楼的心上。小伙子干活时不慎让石灰烧伤了双眼，造成角膜烧伤后白斑，必须施行角膜移植手术才能复明。张晓楼何尝不想给他做手术，可他拿不出有生命力的角膜来呀！小伙子失望地走了，留给教授无限的遗憾和自责，在日记上写下了这沉重的一页。

他面对的是怎样的现实啊！一面是数以万计的盲人兄弟急切地盼望重见光明，一面是医生徒有妙手回春却难为无米之炊；还有一面是比金子还贵重的大量角膜材料随死者白白地烧掉。

"身体发肤受之父母，任何时候都不能毁伤"的几千年形成的封建文化和传统习俗，几乎枯竭了眼科角膜材料的来源，也抑制了角膜移植手术的提高和发展。张晓楼心急如焚。

1977年斯里兰卡国际眼库，向同仁医院赠送四个眼球。张晓楼抚摸着装眼球的盒子感慨万千……

斯里兰卡仅有1000万人口，就有包括总统在内的500万人志愿捐献遗体眼球；他们的国际眼库每年向世界各国无偿赠送2000个眼球。我们11亿人口的大国，难道还要依靠别国援助吗？我们眼科医生的责任没有尽到哇！要宣传、呼吁，转变人们的传统观念。

张晓楼走到哪儿，宣传到哪儿。1977年，在北京市七届政协会上，他递交了倡导身后捐献眼球的提案；1980、1984年，全国眼科学术会议上，作为主任委员的张晓楼率领眼科同仁发出倡议书，并与郭秉宽、刘家琦等著名专家联名写了《我们志愿在身后捐献自己的眼球》，见诸报端……

10多年的奔走呼号没有白费。今年6月12日，北京同仁眼库成立了。喜闻此讯，因急性心肌梗塞住院的张晓楼非要去参加成立大会。大夫怕他太激动，坚决不同意。他只好说："请拿纸和笔来，让我写几个字吧。""造福盲人，让光明充满人间"。几个刚劲有力的墨迹被挂在会场正中。这不正是这位眼科医生、教授一生所追求的吗？

在志愿捐献遗体眼球登记簿上，张晓楼率先签了自己的名字；紧接着医院519名医务人员也签了名。后面是那天参加眼库成立大会的各方领导人士赵朴初、邓力群、陈敏章等……

志愿者签名持续了几天，张晓楼得知已经有800多人志愿身后捐献眼球，欣慰地笑了。

1990年9月14日上午，世界著名的医学科学家，中国眼科巨擘张晓楼教授终因多发性脑梗塞、呼吸循环衰竭停止了呼吸——一颗巨星陨落了，他刚走完76年的人生旅程。

就在他去世5个小时后，同仁医院遗体告别室立即举行了"张晓楼教授捐献眼球仪式"。没有鲜花翠柏环绕，没有花圈挽联陈摆，张晓楼静静地躺在灵床上。他的儿子张维光哽咽着说：我的父亲毕生为千千万万失明的患者重见光明而努力工作，多次表示愿意捐献出自己的眼球，为眼科事业做最后一次贡献。我们家属尊重他的遗愿……

张晓楼既是我国第一位捐献遗体眼球的倡导者，又是第一位实践者。他的精神与光明同在，永驻人间。

（转自《支部生活》1990年12期）

《北京卫生政工研究》1991年6月10日（四）

《北京卫生政工研究》1991年6月10日（五）

教授的角膜使两工人复明

——著名眼科专家张晓楼教授死后仍造福患者

通讯员 张建积 本报记者 吴慕芳

9月14日11时30分，北京同仁医院原副院长、北京眼科研究所名誉所长张晓楼教授溘然去世了。

当日下午4时许，“张晓楼教授捐献遗体眼球仪式”开始了，张晓楼的儿子张维光哽咽地在父亲身边说：我的父亲毕生为使千千万万失明患者重见光明而努力工作，并多次表示愿意献出自己的眼球，为眼科事业做最后一次贡献。我们家属尊重他的遗愿。何鲁丽副市长同张维光紧紧地握手。

一位年轻的医生，向自己的老师深深地鞠躬，轻轻地，轻轻地取下了老师眼球上那透明、薄如蝉翼的角膜。

15日下午，朝文化胶厂工人、被氨水烧伤双眼的张成如，北京义利食品厂的工人、从小患角膜白斑的曲国华，云遮雾罩般的角膜被去除了，邹留河医生把张晓楼遗赠的角膜轻轻附着在他们的患眼上。“亮了！”“树多么绿！”当眼罩揭下时，两个人成了这幸福的人。“是我们的老院长把角膜给了你们！”医生们说。“你们真有福气！”病友们说。术后是不允许流泪的。37岁的小张、32岁的小曲都眼泪汪汪。小曲说，我以后就是用张教授的眼睛看世界了，我只有加倍工作来感谢他。“教授的角膜给了我们平民百姓，我不知怎么表达我的心情！”张成如反复向外人诉说着。

全国有90万因角膜病双盲的人，由于捐献健康角膜贫乏，每年我国仅有不到1%的病人有幸接受角膜移植，重见光明，国民逾十亿的泱泱大国不得不接受印度洋岛国斯里兰卡眼库的馈赠。张晓楼为此心急如焚，到处奔走，同仁眼库终于在今年6月落成了。

在张晓楼带领下，北京眼研所成为亚洲先进的世界卫生组织防盲合作中心，北京同仁医院成为全国眼疾病人的希望所在。

张晓楼，在人民的心中，是和光明共存的名字；张晓楼，一个真正的眼科医生。

（转自1990年9月22日《北京晚报》

永放光明的眼睛

马燕茜

一幅新闻照片深深吸引了我：一位妇女抱着可爱的儿子，一双眼睛深情地端详，母子沉浸在无比的幸福之中。谁能想到，这位名叫曲国华的北京义利食品厂女工，曾是位双目失明的人，她已经在昏暗度过了31年光景。

是谁给她带来了光明，使她看见了自己可爱的儿子，看见了五彩斑斓的世界？是张晓楼，这位中国的著名眼科专家、北京同仁医院原副院长、中共优秀党员。在他的心脏停止跳动之后，依据他的遗愿，角膜被分别移植给两位失明者。曲国华当时激动地说：“我与张教授非亲非故，他走了，却把光明留给了我！”

张教授生前用他的高超医术治愈了许多患者的眼疾，在他走完76年的人生旅途后又作出了最后的奉献。如今，有不少老同志在临终时，都嘱咐家人丧事从简，有的还要求献出遗体，供科研解剖。他们和张晓楼教授一样，一生可谓壮观、完整而又庄重。愿他们这种坦荡无私和彻底奉献精神永存人间。

（转自《人民日报》1990年11月13日版《今日谈》）

13

《让光明充满人间》

张东并解说词 王禄生

他，同这燃烧的火和蜡烛一样，为人间默默地奉献着温暖和光明。他就是北京同仁医院原副院长、优秀共产党员、著名眼科专家张晓楼。

在我国，盲人享受着社会主义大家庭的温暖和人的真正平等的权利。但是双目失明毕竟给他们带来了巨大的痛苦和不幸。他们渴望着、等待着、千呼万唤着人间光明的使者。

他们以惊人的毅力，克服一个个难以想象的困难，摸索到同仁医院眼科。在他们心目中，这就是他们寻觅光明的使者，摆脱痛苦实现希望的地方。

张晓楼教授理解盲人的痛苦，深知自己肩负的重任。“造福盲人，让光明充满人间”，是他青年时代就立下的誓言，是他一生为之追求，为之奋斗的宏伟志向。

新中国的成立，为他这一志向的实现和聪明才智的施展，提供了广阔的天地。1961年，他光荣地加入了中国共产党。为实现共产主义而奋斗的崇高信念和理想，成了他在眼科医学事业上勇于探索、积极进取、不断追求、默默奉献的无穷力量的源泉。

几十年来，在农村、边疆，在课堂、实验室，在无影灯下、病人床边，在国内外学术交流会议上，都留下了张晓楼教授的身影和足迹。

他像一头骆驼，在眼科医学的大漠中奋力跋涉。

建国初期，沙眼的患病率仍然很高，流传很广，严重危害着人民的健康。作为一名眼科医生，张晓楼横下一条心，要战胜它，根治它。他深入实际，调查研究，掌握大量第一手材料的基础上，大力推动了我国的沙眼防治工作。为了找到沙眼的病原，生物制品研究所汤飞凡教授与他合作，终于用鸡胚分离出沙眼衣原体。为了证实这就是沙眼病原，他们不惜在自己的眼睛上做试验。几天后，眼睛又红又肿，疼痛难忍，可张晓楼教授却兴奋地说，这正是我们所要的结果，我们的实验成功了。这一研究成果在世界上首次证实了沙眼的真正病原体。张晓楼教授还和他的同事们一起，早于国外两年，研究出把利福平用于沙眼的治疗，为祖国赢得了荣誉。

为表彰张晓楼教授对沙眼的研究、防治上所取得的成绩，卫生部授予他荣誉证书和奖章；国际沙眼防治组织授予他和汤飞凡教授金质奖章。这些证书和奖章，记录了这位眼科医学事业上奋斗者的艰辛，勤奋和才智。

作为一名共产党员，张晓楼以对党无比忠诚和崇敬的心情，多次为一些老一辈无产阶级革命家，特别是荣幸的为中国人民的伟大领袖治疗过眼疾。使这位历史巨人以更加敏锐的眼光观察世界的政治风云。

作为一名医生，患者满意的微笑，就是对他的最高奖赏；患者的康复，就是他最大的幸福。看到一个个病人康复后微笑着离开医院，张晓楼教授的心里都会感到激动和欣慰。

可是，您知道这位眼科专家的心里也装着苦恼和忧愁吗？他的女儿张薇讲述了一件鲜为人知的事情：

14

“我父亲在眼科看门诊时，曾遇到过一个角膜病患者，十分痛苦地恳求治好他的眼。下班回到家里，我父亲难受地说：我们国家不是不能治这种病，而是因为没有角膜材料，他一边说一边流下了泪。”

张晓楼教授所说的角膜，就是眼睛上光亮透明的薄膜。然而它却可以使人见到五彩纷呈的博大世界。无影灯下，轻轻的拿，细细的缝，光明的世界将在他们的手中诞生！1954年以来，张晓楼和他的同事们已使近一千位因角膜病致盲的患者重见了光明。他们不愧是光明的使者。

然而，请看看这些渴望光明的盲人吧。他们在焦急而又无可奈何的等待。中国因角膜致残的盲人约有三百万人。由于角膜材料缺乏，很多盲人怀着希望而来，带着失望而归。

他们在呼唤角膜，医务人员在呼唤角膜，可是几千年封建迷信思想的影响，“身体发肤，授之父母，不敢毁伤”的陈腐传统观念的束缚，致使本来可以用到患者眼睛上的角膜被毫无意义和价值的埋葬掉了。

而在国外，美国目前至少有87个眼库，日本有44个。仅有一千四百万人口的斯里兰卡，上至政府总理，下至平民百姓，志愿在死后捐献眼球的达五百万人。而拥有11亿人口的中国却不得不使用他们赠送的眼球，这难道不值得我们深思吗？！

对此，张晓楼教授心急如焚。多年来，他和同事们一起四处呼吁，希望人们能在死后捐献遗体眼球，并倡导建立眼库。

经过多方努力，在市卫生局和残疾人联合会等社会各界的大力支持下，1990年6月12日，北京同仁眼库终于诞生了。许多专家、教授、知名人士、共产党员、共青团员、医务工作者纷纷表示愿身后捐献眼球。

张晓楼教授多年的愿望实现了。他郑重地表示：“我愿死后捐出我的眼球，为盲人造福”。并在捐献卡上签上了自己的名字。他强撑着病体为眼库题字：“造福盲人，让光明充满人间”。

就在张晓楼教授为眼库题字三个月后，1991年9月14日，这位为我国眼科医学事业忙碌了半个世纪、作出巨大贡献的老医学家去世了。

他的同事和学生怀着崇敬的心情，强忍悲痛，遵照张晓楼教授生前的意愿，轻轻的、细心地取下了他那比金贵、清澈透明的角膜，并分别移植到两位幸运的普通工人眼睛上……

张晓楼教授去世了，但他的眼睛还在人间，在两位年轻人身上得到了生命的延续，继续看着他所眷恋、所热爱的祖国和亲人……

张晓楼教授不仅为人们留下一双能见到光明的眼球，还留下了一颗火热的心，一笔巨大的精神财富，激励着人们勇于进取，奋力拼搏，继续着他让光明充满人间的未竟事业！

15

让光明充满人间

——记张晓楼的治学行医之道

张晓楼

走近张晓楼教授，是从凝望他一张面带微笑的黑白照片开始的。在他逝世8年以后，从未见过张教授的我，深深被他那双透过眼镜传神地注视前方的眼睛打动——那是一双眼科医生的眼睛——澄澈、睿智、慈祥、坚毅。

翻阅档案室存放的一摞摞卷宗，在泛黄的纸页中寻觅教授的足迹，仿佛触摸着一个博大的灵魂。字里行间英灵栩栩，却已是天上人间。隔着冥冥的时空和厚厚的红尘，我不知道该怎样与这位医学巨擘对话，怎样领略他宽广的胸怀、走进他深邃的精神世界。

人生之旅，既有高山，也有平川。科学家的一生，注定要沿着崎岖的小路，向光辉的顶点登攀。在半个世纪的跋涉中，张晓楼三次攀越高峰，为中国眼科事业作出了卓越的贡献。他的治学之道，就体现在这一步步的登攀之中！

治学先要做人。生前为发展我国的眼科事业建立功勋，身后捐献遗体角膜把光明留在人间，这就是我在百年同仁史册中读到的最为崇高、最为感人的故事。掩卷沉思、心绪波澜，怀着一种难以抑制的创作激情，我开始采访、记录和整理张晓楼的生平。

1990年9月14日上午11时30分，一位倾注毕生精力，为明亮人们的眼睛勤奋工作了50年的眼科医生，安详地合上

· 166 ·

了自己的双眼，享年76岁。他就是中国共产党优秀党员、协和医科大学和首都医科大学教授、北京同仁医院原副院长、北京市眼科研究所名誉所长、著名眼科专家张晓楼。

遵照他生前的遗愿，五个小时之后，“张晓楼教授遗体角膜捐献仪式”在他工作过40多年的同仁医院一间静穆、朴素的告别室隆重举行。没有鲜花簇拥，没有松柏环绕，劳累了一生的张晓楼安卧在铺着白单的灵床上。市委、市政府的领导来了，首都新闻界的记者来了，各大医院的眼科专家来了，医护人员和病人代表也来了。哀思绵绵，泪光闪闪，人们怀着崇敬而沉痛的心情向这位毕生致力于祖国眼科事业的医学巨擘致哀。

在呜咽低回的哀乐声中，吊唁者迈着沉重的脚步渐渐退出，告别室只留下张晓楼的同事和学生。年轻的眼科医生魏文斌和他的助手穿好手术衣，再一次以崇敬的心情，向教授的遗体三鞠躬：作为晚辈，他向自己景仰爱戴的老前辈致以深深的敬意；作为学生，他向自己尊崇备至的老师作最后的辞别；作为医生，他向高风亮节的角膜捐献者施以崇高的敬礼！而后，他忍着巨大的悲痛，轻轻拿起手术刀，小心地摘取北京同仁眼库第一位志愿捐献者的遗体眼球。

事隔多年之后，回忆当时的情景，全国青联委员、眼科副主任医师魏文斌依然激动不已。他说：“那一天令我终生难忘。作为一名年轻医生，我对张教授充满崇敬和景仰。他给我的印象是非常和蔼，非常有风度。作为晚辈和学生，我更敬重他的品格，尊重他的遗愿。我们有责任帮助他实现最后的愿望，这也是对他最深的怀念，最好的报答。”

春蚕到死丝方尽，蜡炬成灰泪始干。张晓楼，这位一生播种光明的眼科医生，在他溘然长逝之后，以一种无私奉献的方式使自己的生命得到延续。他的崇高精神，他的浩然情操，深深地感动着千千万万活着的人们，他明亮的角膜依然透视着五

· 167 ·

彩缤纷的大千世界。

一、明志学医，矢志报国

回首张晓楼的生命历程，那是一曲讴歌光明的赞歌；那是一首吟颂智慧的诗篇；那是一幅展示品格的画卷；那是一棵赞美意志的青松！而少年壮志，则是他迈向成功之路的第一步。

张晓楼1914年1月26日出生于河北省正定县农村一个开明的乡户人家。他自幼聪慧用功，少年时代就离开父母只身在外求学，养成了刻苦学习、勤于思考的良好习惯。小学因成绩优异提前一年考入省立中学，初中四年每学期考试都是前三名，享受优等生免费待遇直到初中毕业。在县城上学时，他每天读书到深夜，12点以前从不上床。冬天特别冷，就裹着棉被读书；怕太困睡着了，他就背靠一个木版，一打盹木板倒下便会醒来。从那时养成的夜读习惯，几乎一直延续到他生命的最后时刻。

20世纪二三十年代的中国，灾难深重、民不聊生，中国人被蔑称为“东亚病夫”。受哥哥张风书的影响，年仅15岁的张晓楼初中毕业后立下学医志向，怀着科学救国的抱负和对未来的憧憬北上求学，考入哥哥就读的满洲医科大学预科。然而，一切并不像他所想象的那样美好，1931年“9.18”事变爆发，日本帝国主义侵略了东北，由于不堪忍受日本人的奴化教育，他便托病退学，前往上海进入同济大学。上海沦陷时期，他辗转到北京继续求学，在清华大学借读半年后，转入燕京大学医预系，三年后获理学学士学位，并如愿考入协和医学院。

当时的协和医学院是国内最难考的大学之一，素以治学有方著称，学院采取严格的淘汰制，仅由预科进入本科，淘汰率就高达50%。一心想当医生的张晓楼来到学风严谨的协和，

· 168 ·

张晓楼治学行医之道

后　记

经过历时两年半的编写与整理，《一蓑烟雨任平生——眼科专家张晓楼》终于和大家见面了。回想这一年多来，从萌生一个想法到四处联络走访当年参与沙眼研究的老教授、研究员，与张晓楼家属反复核对、斟酌张晓楼教授生前事迹的每一个细节，种种情景，今日忆起，历历在目，不禁感慨系之。

一、缘起

2017年3月的一天，春寒料峭，我的一个学生跑过来小心翼翼地问我：“老师，您了解张晓楼教授和汤飞凡教授沙眼研究的具体经过吗？”

我笑着点了下头，还没有回答她，她已经在忙着和我解释：“之所以要问您这个问题，是因为前几天看到了一些网络上的报道以及文章。有些说张晓楼教授当年窃取了汤飞凡教授的成果，还有奖章的事也……”学生的声音愈发小了下去，并没有说完，疑惑地看着我。

“当然不是！”我很快回答，“沙眼衣原体是张晓楼教授和汤飞凡教授共同研究的成果；那枚沙眼金质奖章，是国际防盲组织对张晓楼在沙眼防治、防盲治盲中杰出贡献的奖励。根本不存在外间传言的张晓楼教授冒领奖章一事。”我的表情应该是变得凝重了。是呀，每年新职工入职，我都要在大会上给他们讲同仁的历史，讲同仁眼科百余年历史上所出现的优秀大家们，张晓楼教授当然是其中的代表人物之一。

学生当然也是听过我的讲课的，听我这么回答，学生放心地“哦”了一声，笑了一下，神态颇为轻松。

我以为寻常的一件小事就这样过去了。

几天之后，门诊结束后这个学生并没有离开，问我：“老师，还是想了解一下张晓楼教授和汤飞凡教授的那段历史。还有，既然，真实情况和外界传言不符，为什么同仁眼科没有人去讲出来呢？”

“那些胡说，咱不去理会。”我一边往嘴里塞着饭，一边说。我抬起眉毛瞥了一眼这个瘦小的女孩子。今天门诊看了近一百个，确实累。

“可是老师，我看到的是当年沙眼研究参与者之一的某某在访谈中说的。如果和史实不符，同仁应该发声啊！这种事情，只有同仁最有资格发声；同仁如果不发声，这段歪曲的历史要影响多少眼科后人呀！”学生不依不饶地继续说，嗓音也逐渐大了起来。

我没回答，饶有兴味地看着这个瘦小的女孩子。从来没见一个学生在我这里这样说话，更别提是说这类事情了。大多数学生，只关心自己的课题。

“老师，除了去世的张晓楼教授、汤飞凡教授，当年参与沙眼研究的人，还有在世的吗？”学生停顿了一会儿，似是思索着，接着问。

“有！都还在世。金秀英教授，今年都94岁了吧。其实当年主要就是张晓楼、汤飞凡、金秀英这几个人成立的沙眼研究小组。”我边吃边回答。

“老师，”学生顿了一下，看了我一眼，接着说，“我觉得，同仁应该有人把这段真实的历史写出来，咱们不是和人吵架去，而是让眼科的后辈人知道真实的情况是什么样的。譬如说我自己，作为同仁眼科的学生，如果没有亲自问您，也不知道外界传闻是真是假。至少，这样做，可以让眼科后人们都明白！”

不得不说，学生的话令我深思。的确，这些年来，外间的传闻也并非全无耳闻，只是近年来新兴媒体愈来愈多，大家能看到的、听到的也越来越多了。许是每日忙于工作，也是同仁文化与人无争的文化熏染，我在同仁眼科工作了30余年，竟然没有想过要去向外界说明这段历史。只是每年新职工入职、每届首都医科大学本科生、研究生授课时，我会讲张晓楼教授辉煌的一生。现在看来，这些显然不够。

“嗯，这件事是应该还原史实。”我给了学生一个肯定的回答。

学生离开后，我开始认真思考、部署这件事。首先给当年沙眼研究小组成员之一的金秀英教授打了电话。老太太闻言，二话不说就答应了下来。对当年的那些人、那些事，金教授有太多的话想说。

联系好金教授，我接着联系了张晓楼教授的子女。他的小女儿张薇教授，继承父业，也是一名眼科医生，原在北京友谊医院眼科工作，后任朝阳医院眼科主任，如今已经退休。他们也给予了肯定的答复和热情的支持。

我又想到，当年张晓楼教授受邀自法国领取沙眼金质奖章回来后，遵照卫生部的指示，复制奖章。梁建一当年是眼科研究所办公室职员，是具体执行者。如果他能够说明这件事，是最好不过。只是，毕竟此事所涉众多，不知能否如愿。

二、珍贵的记录

2017年4月21日，至今难忘的一天。我约了金秀英教授一起去张晓楼教授之子张维尧的家里，和他的子女们一起，追念张晓楼，回忆和张晓楼有关的历史。为了留存珍贵的访谈记录，也为了保持客观，我特别邀请了央视的记者一起随行录制。

虽然已经入春，清晨仍有寒气。我和学生在金秀英教授的小区门口接到她，上车向张维尧家继续前行。车辆行驶中，我先向金教授简单介绍了几句今日即将要做之事。金老太太坐在前排，略侧着身，眼神透过眼镜瞧着前方，很认真地听着，似乎陷入了往事的追忆之中。途中接到央视的录制人员一起随行，我与金教授又聊了几句家常，不多时，便来到了张维尧家的小区。

下了车，我搀扶着老太太走进楼门，这里我也是第一次来。走进去，看看并无电梯，我扶着金教授从楼梯上去。幸而楼并不甚高，忘了是几楼，到了一处门口，我叩门，立时有人应了一声儿，门开。一个身材颇为高大的男人出现在门口，见到我，很是热情地叫了声“魏主任，您都过来了？快请进”，说着，把我们都让进了屋。

他是张晓楼教授的儿子张维尧，高高大大，个头颇有张晓楼教授当年的模样。一时有两位中年妇女迎了过来。一位面如满月，微笑着，正是张晓楼的小女儿张薇；另一位是张维尧的妻子李鹿，著名音乐指挥家李德伦之女。还有一位颇为清瘦的男士是张薇的丈夫，清华大学的教授何克忠。

房间不甚大，看得出来这是过去的住宅，但在当时来说，应该也是很不错的了。在我们来之前，显然房间经过了一番收拾，一应杂物归整得井井有条。墙壁上挂着一幅张晓楼教授的遗照，与我平日所见无异。

一番寒暄后，我恳切地向大家简单介绍了要录制的内容及目的。我说，我们并不是要与人争辩是非曲直，而是要还历史以真相。最应该做这件事的人，就是现在房间里的这些人；最有资格组织这件事的人，就是同仁眼科的人。

在场的每一个人在认真地听完后，都极表赞同。学生作为记录者之一，在之后曾感慨地说，很是感佩自己的老师可以做这样一件有意义的事。而她作为我的学生，更是因为能跟老师这样有意思的人，共同去做这样一件有意义的事，而感到无比自豪。

央视录制人员很快架设设备，开始了第一段录制。金秀英老太太先讲，大家都安静极了。学生也开始同步记录和录音。

金老太太端坐在镜头前，慢慢诉说着那一段历史。没有采访，没有提问，更没有提示，讲述内容完全基于老太太个人经历。金秀英教授思维清晰、逻辑缜密，完全不像一位年过九旬的老人。

我坐在房间的另一角，静静地听着。金老太太年纪已经不小了，原本计划她什么时候累了，就休息一会儿，或者分两天录制都行。可是老太太最多喝了几口水，从上午9：30开始到午后1：30，几乎是一口气地讲了近4个小时。也许是那段历史太令人难忘了，无论在每一位亲历者的记忆中都难以抹去。

在录制人员更换卡片的间隙，我不禁走上前轻声问金教授："累不累？要不要休息一下？"老太太摇手肯定地说："不用，就录吧。"

我挨着金老太太坐着，握着她瘦瘦的手，与她说着话，也是让她休息一会儿。作为晚辈，我对金秀英教授的敬重之情难以言表。

学生不时地举起手机，记录下这无比珍贵的瞬间。有些东西，会随时间消逝，却又以另外的方式在时空中永存。它们也许是记忆的碎片，却能拼接成真实的历史。

接下来，张维尧、张薇、李鹿等从子女的角度分别讲述了自己的父亲。在倾听的过程中，我们似乎看到了一个生活中的张晓楼。

在录制即将结束时，学生提醒我也要录一段说点什么。我自己并没有准备，略迟疑一下，脱口说："啊？我也要录？"学生点头坚持，说："当然！您一定要录一段。"大家都看着，我当然要配合。我不再多言，坐在镜头前，真诚地说出因何要做这样一件事以及这件事的意义之所在。

学生后来说，这件事情，正是因为我的大力促成才能够顺利完成。我自然是这个历史时刻中当仁不让的一员。若缺了，今日这个时刻，便不完整。

长久以来，外界对张晓楼、汤飞凡发现沙眼衣原体及获得"国际沙眼金质奖章"一事，一直有不实的报道与说法。北京同仁医院眼科对此该当有自己的声音。张士元所长曾在一次眼科学术会议上满含深情地谈及此事。他高度评价了张晓楼教授的为人，强调应该还原真相。尽可能地还历史以真相，而非与他人一争是非短长，是每一个同仁人该做的事。

鲁迅先生曾说过："无穷的远方，无数的人们，都和我有关"，说的就是这个意思。

下午4点多，整个录制超乎我们预想地圆满完成了。我提议大家一起合影，纪念这个历史时刻。多么充实的一天，超乎寻常而深具意义。我尤其觉得开心，总算是把这件事做了。接下来，就是着手书写这段历史了。这也是我们一直期待去做的一件事。

三、转折

在这本传记历时一年多的撰写过程中，金秀英教授以及张晓楼教授的子女们一直给予了大力支持。他们向我们提供了一大批张晓楼教授生前的手稿、沙眼研究笔记、防盲工作笔记、读书笔记、照片等宝贵的原始资料，让我们对张晓楼教授的学识、品性有了更深入的了解。

在录制资料结束的几个月后，我给梁建一打了电话，向他说明了要做这样一件事，请他给予支持。梁建一毫不犹疑地答应了。几天后，他通过邮件给我发来了当年受命送制沙眼金质奖章的书面说明。至此，对这段历史算是有了完整而真实的还原。感谢当年参与这段不平凡历史的每一个人。

随着编写工作的进行，除了那段历史公案外，我们对张晓楼教授的了解也愈来愈多，并被他和他那个时代的人们所深深感动。我们意识到，只是去说明张晓楼教授和汤飞凡教授开展沙眼研究的过程是不够的。沙眼衣原体的研究，只是张晓楼教授一生所做贡献中的一部分。除此之外，他对中国眼科事业的贡献、对中国人民的贡献乃至对人类的贡献，远不止此。

由此，我们改变了原初的想法，要整理张晓楼教授一生所做出的贡献，尽可能地让大家全方位地了解张晓楼教授、了解他为我们所做的一切。

在本书的初稿完成后，我们邀请金秀英教授、张晓楼教授的家属对稿件多次核对。尤其令人动容的是，金秀英教授在稿件上一笔一画地修改了两次，对其亲身参与的沙眼研究过程进行了详尽的补充，对张晓楼教授的贡献更做出了准确的说明，其认真程度超乎我们的想象。张晓楼教授的次女张茵女士已在美国定居多年；在核稿期间，张茵女士多次从美国打电话、发邮件交流，字斟句酌，就文稿中的任何一个小问题反复勘对，力求真实。

2017年4月21日录制当天，在张晓楼儿子张维尧家中合影［从左到右依次为：魏文斌、何克忠（张晓楼四女张薇之夫）、张薇、金秀英、张维尧、周楠、李鹿（张维尧之妻，著名音乐指挥家李德伦之女）］

在这期间，我们还走访了同仁眼科任职眼科主任时间最长的傅守静教授。同样95岁高龄的傅教授和我们回忆张晓楼教授的生平，感慨万千。一直协助张晓楼教授出门诊的张用敏老师也给我们提供了丰富的资料。

值得一提的是，原北京同仁医院党委书记韩小茜女士，也是后来北京同仁张晓楼眼科公益基金会成立后的第一任理事长，曾多次鼓励我们撰写张晓楼传。2014年1月26日，在张晓楼教授百年诞辰之际，韩小茜书记曾说，为了纪念也为了传承，要成立北京同仁张晓楼眼科公益基金会，并由基金会支持张晓楼传的出版。两个月后，2014年3月17日，北京同仁张晓楼眼科公益基金会成立；而4年后，记录张晓楼教授生平的书稿也完成。

何鲁丽副委员长得知我有写张晓楼传的想法后，给予了热情的鼓励，她说非常有必要传承教授为科学献身的精神和他的敬业精神，同仁后辈有责任担当此任。2019年，待张晓楼传基本完稿，我就迫不及待地送到何鲁丽副委员长手里，请她提修改意见，并请她为张晓楼传作序，最后的书名也是听从何委员长的建议而修改确定的。据她介绍，她们家和汤飞凡家是世交，小时候她常常跟随父亲去汤家做客，对两位科学家都熟识，都是她敬仰的大家，他们身上的科学家精神及其敬业奉献精神也是她终生学习的榜样。何委员长于百忙之中很快写好了序言，并说很期待此书早日出版，还不无幽默地提醒我，别忘了给她送书。在书稿送审的一年多的时间里，她多次询问此书出版的情况。2021年底她自己的《岁月拾零》出版，其中收录了这本书的序言，她也幽默风趣地说："不等你的书了，我先出版'序'了。"虽是玩笑话，可是竟成真，何鲁丽副委员长于2022年3月19日突然病逝，终究未能见到此书的出版。这部传记多般周折，终能于三联书店出版。内心深处十分伤痛，无比怀念老首长，书的出版也是对她的纪念。

这本传记的最终面世，要感谢的人很多，最先要感谢的是百岁教授金秀英，她终生追随张晓楼，也是最了解他和那段历史的人。也要感谢张晓楼教授的儿女们，还要感谢同仁眼科那些提供资料和素材的老师们，还有北京协和医学院档案中心及北京协和医院眼科提供了张晓楼教授早年的珍贵资料与照片，要感谢戴申倩编辑对书稿极其认真的加工整理，对版式设计也给予了很多建议。最后就是要感谢生活·读书·新知三联书店和龚黔兰编辑的辛勤努力。

所有这些人，和我们一起，完成了这件事，完成了大家共同的心愿。

回想张晓楼教授的一生，以"一蓑烟雨任平生"（语出苏轼《定风波·莫听穿林打叶声》）来概之，颇为贴切。他曾经放弃留学海外的大好机遇，毅然决然地拥抱了百废待兴的新中国；他曾经与汤飞凡教授一起，成功地分离了沙眼衣原体，两人还不惜在自己的眼睛上做实验；他致力于中国的沙眼防治，大幅降低了中国的沙眼感染率，为中国乃至世界消灭沙眼、防盲治盲工作都做出了卓越的贡献；他是国家领导人最信任的眼科医生之一；他创建北京市眼科研究所，创建眼库，去世后把自己的角膜捐献给了普通工人……他一生勤谨志远，总以淡泊的心态面对外界无妄之词，始终积极投身于中国的眼科事业，为中国眼科事业的发展鞠躬尽瘁。这许是老子所言：“上善若水，水善利万物而不争，处众人之所恶，故几于道。”人生之道，莫过于此。

魏文斌

2022年7月8日